文庫

倫理と無限

フィリップ・ネモとの対話

エマニュエル・レヴィナス
西山雄二 訳

筑摩書房

目次

倫理と無限

フィリップ・ネモとの対話

凡例

一　本書は、Emmanuel Lévinas, *Éthique et infini : Dialogues avec Philippe Nemo*, Fayard, 1982 の全訳である。

一　原則として、原文における引用符《　》は鉤括弧「　」で、大文字は山括弧〈　〉で表わした。丸括弧（　）はそのまま表示した。また、イタリック体は傍点で強調した。

一　亀甲括弧〔　〕は原語を挿入するため、また、日本語訳書の書誌情報や訳者による補足・説明を表わすために用いた。訳者の判断で、成句や語句のまとまりを示すために山括弧〈　〉を用いた箇所もある。

一　注は以下の原則で掲出した。

・該当語右の＊1、＊2、……は原注を、（1）、（2）、……は訳注を示す。

・原注、訳注ともに、各章末にまとめた。

はじめに

本書に収められた対談は、一九八一年二月から三月にかけて、〔ラジオ局〕フランス・キュルチュール[(1)]で収録され、放送されたものである。出版に際して、わずかに修正と補足をおこなった。これらの対談はエマニュエル・レヴィナスの哲学の簡潔な紹介をなしており、『倫理と無限』という表題は、おそらく、彼の哲学全体を示すのにふさわしいものと言えるだろう。一〇回にわたる対談はレヴィナスの思想形成期から、神についての問題に捧げられた最近の諸論文――それらは最近、単著としてまとめられた[*1]――に至るまで、彼の思想の発展の過程をたどっている。途中で、小著だが重要な二冊の著書（『実存から実存者へ』と『時間と他者』）、二冊の哲学の大著（『全体性と無限』と『存在するとは別の仕方で、あるいは存在することの彼方へ』）にも言及される。

簡潔であるためにレヴィナス哲学の多くの側面には触れられていないが、にもかかわらず、この紹介の書は格別な意味で彼の哲学に忠実なものである。というのも、著者自身がその哲学を明解に語っているからである。レヴィナスは自分の作品に対して概括的な見地から、その論議の表現を単純化することを容認しており、自らの名声と全著作目録の背後に姿を隠そうとはしない――そうすることで、フランスの学界でまかり通る虚偽と不条理に反対しているのである。こうして、著者がその生身の姿を見せることで、その談話に忠実さが確保されているということにおいて、この紹介の書はレヴィナス哲学に忠実なのである。

プラトンの『パイドロス』を注釈しながら、レヴィナス自身、対話の創始者たるプラトンの卓越と謙虚さをしばしば強調している。(2) つまり、往々にして非難されたり、誤解されたりするこの書きとめられた談話に擁護の弁をふるい、再びこの談話を活性化して、それを刻々の試練に、すなわち、今ここにいるもうひとりの人物――この書きとめられた談話は最終的には読者に宛てられている――による試練に曝しているのである。この意味で、またこのような状況で、生身の著者の「語ること」は、書き残された著作のなかの「語られたこと」を真正なものにする。なぜなら、ただそれだけが「語られたこと」を取り消すことができ、したがって、その真理性をさらに高めることができるからである。著者は自らの思想を語りながら、自分が何をくり返し語ろうとするのかを決定する。ときに対談相手の要求に譲歩することで、著者がとりわけ何にこだわっているのかがより明瞭に際立つことになる。レヴィナスはわれわれの問いに答えながら、こうした試練に専心しようとしたのである。なるほど、われわれの問いは、レヴィナスが長年にわたって自著で論じてきたテーマ以外のものについて彼の考えを述べるように促すものではなかったが、とはいえ、それは今まで論じられたことのないしかじかの展開や解明を退けるものではない。

エマニュエル・レヴィナスは倫理について思索を深めてきた哲学者で、おそらく、現代思想におけるただ一人のモラリストである。しかし、あたかも倫理がひとつの専門分野であるかのようにみなし、レヴィナスを倫理の専門家だと思っているひとたちは、レヴィナスの著作に接する前に本書の数頁を読めば、次のような本質的な主張を理解するだろう。すなわち、倫理とは第一哲学であり、そこから形而上学における他の枝が分かれて意味をもつようになるのである。というのも、第一の問いとは、その問いによって存在が引き裂かれ、人間が「存在するとは別の仕方で」、また、世界への超越として打ち立てられるような問いであり、逆に、その問いなしには、思考によるいかなる問いかけももはやはかなく空しい追求となるほかないような問いだからである。すなわち、第一の問いとは正義についての問いなのである。

フィリップ・ネモ

【原注】

＊1 *De Dieu qui vient à l'idée*, Vrin, 1982.〔『観念に到来する神について』内田樹訳、国文社、一九九七年〕。

【訳注】

（1）ナチス占領から解放後の一九四六年に開設されたフランス国営の文化放送ラジオ局。「視覚芸術」「創作」「歴史」「思想」「文学」「音楽」「政治・経済」「科学」「社会」「演劇」といった多様な分野で多数の番組を提供している。思想分野では、フランソワ・ヌーデルマン司会の「Vendredis de la philosophie」、アラン・フィンケルクロート司会の「Répliques」が定番番組。

（2）例えば、『全体性と無限』第一部B四「レトリックの不正」において『パイドロス』が参照されつつ、対面の関係にある対話者とその他者性に即して語り合う仕方が称揚され、対話者を策略、支配、搾取へと導くレトリックと対置されている。

第一章　聖書と哲学

ネモ——ひとはどのようにしてものを考え始めるのでしょうか。何か原初的な出来事を受けて、自分自身から生じ、自分自身に対して投げかけられる問いによってでしょうか。それとも、はじめて接した思想や書物を通してでしょうか。

レヴィナス——たぶん、言葉という形ではおよそ表現しえないような外傷《トラウマ》や手探りから始まるのでしょう。例えば、別離、暴力的な場面、時間の単調さに関する突然の自覚といったものです。このような最初の衝撃が疑問や問題と化し、思考する機会を与えるのは、書物を読むことによってです。必ずしも哲学的書物とはかぎりません。この場合、国民文学の役割はきわめて重要でしょう。書物を通じて〔思考するための〕言葉を学ぶからというわけではなく、ひとが「現前していない真の生」――現前していない、といってももはやまったくユートピア的なものではない真の生を生きることになるからです。思うに、机上の読書に頼ることがきわめて懸念され、人間の「存在論」に関して書物を参照するということが過小評価されています。書物は私たち人間の存在様式のひとつであるのに、情報源、学習のための「道具」、教本とみなされているのです。実際、読むという行為は、自分自身に関する私たちの関心という現実主義――つまり、政治――の彼方に身を置くことですが、にもかかわらず、美しき魂の善き志向へと向かうわけでも、「かくあるべし」という規範的な理想へと至るわけでもないからです。

ネモ――それでは、あなたが最初に出会った偉大な書物はどんなものだったのでしょうか。『聖書』でしたか、それとも、哲学者の書いたものでしたか。

レヴィナス——きわめて早い時期に『聖書』を読み、高等学校で心理学にざっと目を通し、「哲学入門」の授業で「哲学的観念論」に関する数頁を大急ぎで読んだ後、大学では哲学の基本的な文献に出会いました。しかし、『聖書』から哲学書に至るなかで、ロシア文学の古典、例えば、プーシキン、レールモントフ、ゴーゴリ、ツルゲーネフ、ドストエフスキー、トルストイを読み、また、西ヨーロッパの偉大な作家たち、とりわけシェイクスピアを読み、『ハムレット』、『マクベス』、『リア王』にはとても感銘を受けました。哲学的な問題を人間の意味、かの「人生の意味」の探究として理解したのです。ロシアの作家たちの描いた人物たちは「人生の意味」についてたえず自問していますが、こうした探究は、哲学の学士号取得のための講義内容に記されているプラトンやカントへの適切な準備となるのではないでしょうか。〔文学から哲学への〕こうした変遷を感じとるためには時間がかかりますが。

ネモ――『聖書』と哲学のふたつの思考方法はどのように調和してきたのでしょうか。

レヴィナス――その両者は調和すべきだったのでしょうか。私が抱いた宗教感情は特定の信仰から生じたというよりも、書物――『聖書』と、古代ユダヤの律法博士たちの思想にまでさかのぼる『聖書』の伝統的な注釈書――に敬意を抱くことから生じました。だからといって、それが希薄な宗教感情だったと言いたいわけではありません。『聖書』は〈書物のなかの書物〉であり、そこでは根本的なこと、つまり、人間の生が意味をもつために言い表わされなければならなかったことが述べられており、しかも、この根本的なことがらは、その深遠さの次元そのものを注釈者たちに開示するような形で述べられている――そうした印象は、文学的な判断を

「聖なるもの」についての意識にたんに置き換えることではなかったのです。『聖書』に出てくる人物たちのあの驚くべき存在感、あの倫理的な十全性、聖書解釈のあの神秘的な可能性こそ、そもそも、私にとって超越を意味するものでした。超越以外の何ものでもなかったのです。聖書解釈を、大胆にも信仰生活として、また典礼として漠然と理解し感じとることは、けっして些細なことではありません。偉大な哲学者たちのテクストは、その読解において解釈が占める位置を含めて、『聖書』に対立するものであるよりは、『聖書』に近いものであるように思われました。たとえ『聖書』の具体的なテーマが哲学書の頁上に直接反映されてはいないにしてもです。ともかく、私は当初、哲学が本質的に無神論的であるという印象はもちませんでしたし、また、今でもそう思ってはいません。たとえまた、哲学では聖句がもはや証明の代わりになりえないとしても、その聖句が示す神は、テクストに表われている神のあらゆる擬人論的な比喩にもかかわらず、哲学者にとって〈精神〉の尺度であり続けることでしょう。

ネモ——では、あなたのその後のお仕事は、聖書神学の本質を、哲学の伝統とその言語とに調和させるひとつの試みとして解釈してもよいのですね。あなたにとって、これら二つの「書物の蓄積」のあいだに平和的な共存以上のものがなくてはならないのでしょうか。

レヴィナス——私は、その二つの伝統を「調和させる」とか「両立させる」とかいうことを明白な目的としたことは一度もありません。もし両者がたまたま調和しているとすれば、それはおそらく、あらゆる哲学的な思考が哲学以前の経験をその根拠とするからであって、また、私においては、『聖書』を読むことがこのような根本的な経験の一部だったからでしょう。ですから、『聖書』を読んだことは、私の哲学的な思考法、すなわち、あらゆるひとに語りかけながら思考するというやり方に対して、本質的な役割を——しかも、私自身がほとんどそれを意識することなく

——果たしたのです。しかし、私にとって、『聖書』を通じた根本的な経験の宗教的な深さを測るもの、それはまた、『聖書』の物語る〈聖史〉がたんにすでに完結した一連の出来事であるだけでなく、世界中に離散したユダヤ人の運命に現在、直接関係しているという痛みの意識でもあるのです。この古い書物のそこかしこに暗に含まれている教条主義《ドグマ》に対して知的な疑いを抱いたとしても、そうした疑いはことごとく、ユダヤ人の現実の歴史にたえず起こった深刻な事態のなかでその意味と効果を失っていったのです。私の目からみれば、いかなる場合にも、西欧哲学の伝統は〔どこまでも理性的に思考しようとして〕けっして最後の言葉に対する権利を失いませんでした。たしかに、すべては哲学の言語で表現されなければならないでしょうが、しかし、こうした哲学的な伝統はおそらく、もろもろの存在にとっての最初の意味の場、理性にかなったものの端緒となる場ではありません。

ネモ——そうした伝統についての話に移りましょう。あなたがお読みになった最初の哲学者はどんなひとたちでしたか。

レヴィナス——フランスで哲学の勉強を始める前にも、私がロシアの偉大な作家たちの作品を読んでいたということはすでにお話ししました。とくに哲学的な文学や哲学者たちの著作に本格的に取り組んだのは——そう、ストラスブールでのことでした。[1] 一八歳のときに、そこで四人の教師に出会い、彼らの比類のない魅力に私の精神は惹きつけられました。シャルル・ブロンデル、モーリス・アルブヴァックス、モーリス・プラディーヌ、アンリ・カルトロン。[2] 彼らは本当に魅力的なひとたちでした！ めぐまれた、そして、私の人生において何にも裏切られることがなかったあの数年間を思い出すたびに、素朴な感嘆の思いが私の心に蘇ってきます。モーリス・アルブヴァックスはナチスの占領時代に虐殺されてしまいました。このような師との触れ合いを通じてこそ、知的な誠実さや知性の偉大な徳が、そしてまたフランスの大学における明晰さと優雅さという偉大な徳が私に啓示されたのでした。優れた哲学者たち、例えば、プラトンやアリストテレス、デカルトやデカルト派のひとたち、カントへの手引きを受けました。一九二〇年代、ストラスブール大学の文学部でヘーゲルはまだ教えられていませんでした！　他方、授業のなかで、また学生たちの注目度からして、とりわけ生き生きとしているように思われたのは、デュルケームとベルクソンでした。この二人はくり返し引き合いに出され、彼らに対して反論が唱えられていました。デュルケームとベルクソンは間違いなく、私たちの師のまた師だったのです。

ネモ――あなたは、デュルケームのような社会学の思想とベルクソンのような本来の哲学思想とを同じ次元でとらえているのでしょうか。

レヴィナス――おそらく、デュルケームは経験的な社会学を創始したのでしょう。しかし、彼の仕事は、社会的なものの根本的なカテゴリーを入念に構築した「合理的社会学」のようにもみえました。それは、社会的なものは個人の心理現象の総和には還元されないという〈観念力〔l'idée-force〕〉[3]に端を発しているもので、今日では「社会の形相学」とでも呼ばれそうなものです。形而上学者デュルケーム！社会的なものは精神的なものの秩序そのものであるという考え方、動物や人間の心的現象を超えた存在へと向かう新たな試みです。それはつまり、力強く定義された「集団表象」の次元、また、個人生活それ自体のなかに精神の拡がりを開く次元であり、そこでは個人が承認されるだけでなく、さらに解放されるに至るのです。デュルケームにおいては、ある意味で、「存在のさまざまな水準」についての理論があり、これらの水準は相互に還元されえません。こうした発想はフッサール的かつハイデガー的な文脈でその意義がもっとも発揮されるものです。

ネモ——ベルクソンの名前も挙がりましたね。あなたからみて、哲学に対するベルクソンの主要な貢献はどんなことでしょうか。

レヴィナス――やはり持続の理論でしょう。時計の時間の優位性を打ち破り、物理学的な時間は派生的なものにすぎないという考え方を示したのです。直線的で等質な時間には還元されえない持続の、たんに心理的であるだけにとどまらない、いわば「存在論的な」優先権についてのこうした主張がなかったならば、ハイデガーも「現存在〔Dasein〕」の有限な時間性という考え方をあえて提起することはできなかったでしょう。もちろん、時間についてのベルクソンの考え方とハイデガーの考え方を分かつ根源的な相違はあるのですが。科学的な時間という権威ある規範から哲学を解放した功績はまさしくベルクソンに帰せられるのです。

ネモ――しかしそれでは、ベルクソンを読むことは、あなたにとって、より個人的ないかなる問いに、どんな不安に合致したのでしょうか。

レヴィナス——きっと、新たな何かが起こりうる可能性も、希望に満ちた未来もない世界、すべてがあらかじめ規定されている世界のなかにいることへの恐れにでしょう。つまり、運命を前にしたときの、あの古くからある恐れです。それが普遍的な機構《メカニズム》の運命である以上、これから起こることはある意味ですでに起こってしまっているのですから、これはまさに不条理な運命と言えます。それとは逆に、ベルクソンは時間の本来の、還元しえない実在性を明らかにしたのです。現代の最先端の科学が「新しいことが何もない」世界のなかになお私たちを閉じ込めておくのかどうか、私にはわかりません。思うに、少なくとも、科学は自らの地平を刷新しているのだと私たちに請けあっています。しかし、ベルクソンこそ、新しいものの精神性を、現象から解き放たれた「存在」を「存在するとは別の仕方」において私たちに教えたことになるのです。

ネモ——学業を終えたとき、あなたは哲学の分野で何をしようと考えたのですか。

レヴィナス——たしかに、「哲学の分野で仕事をすること」を望んでいました。しかしそのことは、純粋に教育的な活動、あるいは著書を書き上げるという虚栄以外に、何を意味しえたでしょうか。デュルケームが学生たちに要求し奨励したように、また彼自身がその先験性を練り上げようとしたように、社会学を経験科学にすることでしょうか。ベルクソンについて、洗練され、実現され、完成された著作を一篇の詩のようにくり返したり、あるいは、その変奏をいくつも提示したりすることでしょうか。私はフッサールに出会って、教条的《ドグマ》な体系のなかにひと括りに閉じ込められることなく、しかも同時に、混沌とした直観によって事を進める危険を冒すことなく、「哲学の分野で仕事をすること」の可能性そのものがもっている具体的な意味を見出しました。それは入口であると同時に方法でもあるという印象を抱きました。〔諸世代にわたって共同する哲学者たちの〕「隊列から抜け出ることなしに」なされることが望まれる問いかけと哲学的な探究とが適合し、それらが正当であるという感情を抱きました。それはおそらく「厳密な学としての哲学」という言葉が表現するフッサールのメッセージの最大の魅力でした。[4] フッサールの著書に私が魅了されたのは、いくぶん形式的な、このような約束によってではありませんでしたが。

ネモ――どのようにしてフッサールの著作に触れるようになったのですか。

レヴィナス――まったくの偶然からです。ストラスブールに〔ガブリエル・〕ペフエールという若い女性の友人がいて――のちに私たちは一緒にフッサールの『デカルト的省察』を翻訳することになります――当時、彼女は高等教育修了証書[5]のためにフッサールに関する学位論文を準備していたのですが、自分の読んでいたテクト――『論理学研究』だったと思います――を私に勧めてくれたのです。さっそく読み始めてみると、はじめはきわめて難解でしたが、ともかく非常に熱心に、またたいへん粘り強く、何の手引きもなしに読み進めました。少しずつ、フッサールの本質的な真理が——と今も信じているのですが——私の精神のなかにその姿を現わすようになってきました。もっとも、フッサールの方法にはしたがっても、彼の学派の教えに全面的に服することはないのですが。

それは第一に、思慮する〔sich zu besinnen〕可能性、つまり、自己を把握する、あるいは、把握し直す可能性、「私たちはどこまで進んでいるのか」という問いを明確に提起し、現状を見極める可能性です。おそらくはこれこそが、そのもっとも広義における現象学であり、また、本質を観取することを、つまり、多くの物議を醸した本質直観〔Wesensschau〕を超えた現象学なのです。自己についての根源的で執拗な反省が、つまり、当然知に課せられているものを大いに疑いつつ、いかなる自発性にも、いかなる既成の存在にも欺かれることなく自己を探究し記述するコギト〔思考〕が、世界と対象＝客観を構成するのですが、しかし、世界の客観性は、現実には、その客観性を見つめる眼差しを塞ぎ、遮るのです。思考と志向の向かうべき地平全体へと——この客観性から——たえず遡らなければなりません。客観性はこのような地平を覆い隠し、また、忘却させるのです。現象学とは忘れ去られたそうした思考――志向――を呼び戻すことです。世界に関わる思考の志向へと立ち返る十全的な意識なのです。徹底した反省が実行されることでその限界が必ずや明らかになるとしても、反省は真理のために不可欠です。事物の真の境位のなかで、まさにこの境位を、つまり、事物の客観性の意味、事物の存在の意味を照らし出しながら、幻想やレトリックなしで事物に対して向かい合って、たんに「それは何か」ということを知るための問いだけではなく、「存在するものはどのようにして存在するのか」「それが存在しているということは何を意味するのか」という問いに答えることこそが、哲学者の存在意義なのです。

　思考における覆い隠された志向を呼び戻すこと、つまり、現象学的な作業の方法論もまた、あらゆる哲学的な分析に不可欠であると思われるいくつかの考えの根源にあるものです。意識の志向性という中世的な観念(6)に新たな活力が与えられたわけです。つまり、あらゆる意識は何ものかについての意識であって、この意識が「要求する」対象への照合なしには記述しえないものなのです。志向的に思念されたものは知ではありませんが、しかし、感情や渇望をともなって、その力動性そのものに即して「情動的に」、あるいは「能動的に」特徴づけられます。これは西欧思想において、観照的なものの優位に対する最初の根源的な異議申し立てであり、それはまた、ハイデガーによって、とりわけ、道具性についての記述のなかで実に見事な仕方で再びとり上げられることになります[7]。志向性と相関性で、同様に現象学を特徴づけるもう一つの考え方に、対象に近づく意識の諸様態は対象の本質に本質的に依存している、というものがあります。神自身でさえ、物質的なもののまわりをめぐることではじめて、物質的なものを認識することができるのです。存在が存在への接近を命じるのであり、存在への接近は存在を記述することでもあるのです。ここでもまた、ハイデガーの名前が挙げられると思います。

ネモ――しかし、あなたのように、自分の仕事をすべて、倫理としての形而上学に向けている方からすれば、人間とその運命というよりも、むしろ世界とその構成を自らの省察の特権的な領域とするフッサールから直接得られるものは、ほとんどないのではありませんか。

レヴィナス——今お話しした、フッサールにおいて価値論的な志向性がもつ重要性をお忘れでしょうか。つまり、価値の特徴は、知の変容の結果として諸存在に結びつけられるものではなく、意識の特殊な態度に由来するものです。すなわち、一挙に認識には還元されえない、非‐観照的な志向性から生じるものなのです。ここにフッサールの可能性があります。倫理的な問題や他人との関係——それはフッサールにおいて提示され、手つかずのまま残されています(メルロ＝ポンティは別の仕方で解釈しようとしたようですが)——についてフッサール自身が述べたことを超えて発展させうる可能性です。他人との関係は、たとえ最後にはそこに志向性の断絶をみるべきであるとしても、ほかには還元しえない志向性として探究することができるでしょう。

ネモ――それこそまさに、あなたの思想がたどった道のりですね。フッサールと面識はありましたか。

レヴィナス――フライブルクで一年間、彼の講義を聴きました。フッサールはちょうど退官したところでしたが、まだ教えていました。私は彼と近づきになることができましたし、フッサールも私をあたたかく迎えてくれました。あのころ、フッサールとの対話は、学生からのいくつかの質問や答弁を受けて、自分の思考の基本的な要素を呼び起こそうと心を配る先生の独白といったものでした。しかし、時として、今では数多くの未刊草稿で照合されるような、未発表の特殊な現象学的分析にまで思わず話が進むこともありました。ルーヴァンのフッサール・アルヒーフは、今は亡き、私の優れた友人ヴァン・ブレダ神父が設立し、管理していたものですが、ここがフッサールの膨大な草稿を読みやすく、近づきやすいものにしてくれました。[8] 私が参加した一九二八年の講義は現象学的心理学の観念に関するもの〔現象学入門〕、一九二八年から二九年にかけての冬学期は間主観性の構成に関するもの〔感情移入の現象学〕でした。

【訳注】

（1）一九二三年、レヴィナスは仏独国境に位置するアルザス地方のストラスブール大学文学部に入学する。後に小説家・文芸批評家として活躍するモーリス・ブランショと大学で出会い、終生変わることのない友情を結ぶ。

（2）シャルル・ブロンデル（Charles Blondel, 1876–1939）心理学者、精神医学者。一九一九年からストラスブール大学の実験心理学の教授を務め、一九三七年にソルボンヌ大学の教授となる。社会学者レヴィ＝ブリュールの弟子。著書に、*La Conscience morbide: essai de psychopathologie générale*, Alcan, 1914; *Introduction à la psychologie collective*, Colin, 1928; *La Psychographie de Marcel Proust*, Vrin, 1932.〔『プルースト』吉倉範

光・藤井春吉訳、みすず書房、一九五九年〕。
モーリス・アルブヴァックス（Maurice Halbwachs, 1877–1945）デュルケーム、レヴィ＝ブリュールの流れを汲む社会学者。集合的記憶を提唱し、社会学と心理学の統合を目指して、知識社会学の分野で成果を挙げた。一九一九年からストラスブール大学の社会学の教授を務め、一九四四年にはコレージュ・ド・フランスの集団心理学の正教授に任命されるも、ゲシュタポによって囚われ、連行先のブーヘンヴァルト強制収容所で非業の死を遂げた。日本語訳に、『社会階級の心理学』（清水義弘訳、誠信書房、一九五八年）、『集合的記憶』（小関藤一郎訳、行路社、一九八九年）がある。
モーリス・プラディーヌ（Maurice Pradines, 1874–1958）哲学者、心理学者。著書に、*Philosophie de la sensation*, Belles Lettres, 1928–34; *Traité de psychologie générale*, PUF, 1943–46.
アンリ・カルトロン（Henri Carteron, 1891–1929）アリストテレスやトマス・アクィナスの研究者。

（3）アルフレッド・フイエが提唱した理論で、暗示的観念のように能動的な力を備えた観念のこと。

（4）フッサールは一九一一年に発表された『厳密な学としての哲学』において、自然主義と歴史主義の隆盛がもたらす精神的な窮乏状態を指摘する。自然主義は物質的自然を実在とみなすことで理性を自然化し、歴史主義は歴史的制約において理性を相対化するが、こうした学問的潮流に対抗して、フッサールは哲学による理性的規範の探究の必要性を説く。

（5）高等教育修了証書（Diplôme d'études supérieurs: D.E.S.）は、教授資格試験を受験するために必要な資格証書。

（6）スコラ哲学において、意識の認識作用とその形成物に対して「志向（intentio）」の語が用いられ、心的現象は対象として何ものかをそれ自身のうちに含んでいるとされた。ブレンターノはこうした対象の志向的な内在という着想を記述的心理学の理論として継承し、その後、志向性概念はその弟子であるフッサールの現象学へと引き継がれた。

（7）『存在と時間』第一部、第三章、第一五節、「環境世界のなかで出会う存在者の存在」。現存在は世界のなかでさまざまな事物と配慮し交渉するが、その過程で事物は観照的に表象される対象ではなく、むしろ身近な道具として現象する。有用や有効、利便などの価値を帯びた事物は「用具存在性（Zuhandenheit）」と呼称され、直観的に観察可能な「客体存在性（Vorhandenheit）」と区別される。

（8）ナチスのユダヤ人迫害によって、フッサールは著作を刊行する可能性が閉ざされていた。一九三八年に没した後、彼が残した四万五千頁に及ぶ遺稿・草稿は、ベルギー人神父ヴァン・ブレダによって運搬され、ルーヴァン大学で保管された。フッサール・アルヒーフを中心に編集がおこなわれ、一九五〇年の第一巻『デカルト的省察』以来、『フッサール全集』として刊行されている。

第二章　ハイデガー

ネモ——フッサールの講義を聴くためにフライブルクに赴いて、それ以前には知らなかった、しかし、あなたの思想形成に決定的な影響力をもつことになるひとりの哲学者、マルティン・ハイデガーに出会ったのですね[1]。

レヴィナス——はい、まさに『存在と時間』を知ったのです。私の周りのひとたちが読んでいましたので。私はすぐさま、この本に対して深い称讃の念を抱きました。これは哲学史におけるもっとも優れた本のひとつです——数年に及ぶ考察の末に私はこう言っているのですよ。もっとも優れた四、五冊のなかでも最良のもののひとつ……。

ネモ——それはどんなものですか。

レヴィナス——たとえば、プラトンの『パイドロス』、カントの『純粋理性批判』、ヘーゲルの『精神現象学』、ベルクソンの『意識に直接与えられたものについての試論』もそうです。私がハイデガーに称賛の念を抱くのは、とりわけ『存在と時間』を称賛しているからです。私はつねに、これらの著作を読んだときの雰囲気を蘇らせようとします。一九三二年のことなど[2]まだ考えられなかったころのことです。「存在する〔être〕」という言葉は典型的な動詞であるにもかかわらず、あたかもひとつの実詞であるかのように普段語られています。フランス語では、〔定冠詞単数を付けて〕「存在というもの〔l'être〕」あるいは、〔不定冠詞単数を付けて〕「或る存在〔un être〕」と表現されます。ハイデガーとともに、「存在する」という語のなかの「動詞性」が、つまり、この語のなかに出来すること、存在するという「生起すること」が蘇ったのです。あたかも、事物や存在するものすべてが「存在の歩みを進め」「存在の役割を果たす」かのようです。ハイデガーによって、私たちはまさにこの動詞的な響きに慣れ親しむようになったのです。今となってはあたりまえなものになりましたが、私たちの耳に施されたあの機能回復訓練《リハビリテーション》は忘れられないものです！　かくして、哲学は――そう意識していないときでさえも――動詞としての〈存在すること〉の意味を問う問いに答える試みをおこなってきたのでしょう。フッサールが哲学に対してさらに超越論的なプログラムを提出した――ないしは、提出したようにみえた――のに対して、ハイデガーの方は哲学を、他の認識方法と比べて、「基礎的存在論」として明確に定義していたのです。

ネモ――その文脈のなかで、存在論とは何でしょうか。

レヴィナス――それこそまさに、「存在する」という動詞を了解することなのです。存在論は、存在するもの、もろもろの存在、すなわち、「存在者たち」、それらの本性、それらの関係を探究するいかなる学問分野とも区別されます。――これらの各分野は忘却しているのです。存在者たちについて語ることで、「存在する」という語の意味をすでに了解してしまっているのに、にもかかわらず、その意味を解明しなかった、ということを。これらの学問分野はそうした類の解明に気を配らないのです。

ネモ――『存在と時間』は一九二七年に刊行されました。その当時、哲学の責務を提示するあのような方法は、まったく新しいものだったのでしょうか。

レヴィナス――とにかく、私はそういう印象をもち続けていました。たしかに、哲学史において、後で振り返ってみると今日の大きな革新を告げているように思われる傾向が事後的に見出されることはあります。しかし、そうした大きな革新は、少なくとも、以前には主題化されることがなかった何ごとかを主題化することに因るものです。そうした主題化は天才を必要とし、新たな言語表現をもたらします。

当時、フッサールにおける「直観の理論」に関して私がおこなった研究[3]は、ですから、『存在と時間』に影響を受けています。私はフッサールを、存在についての存在論的問題に気がついた人物、すなわち、もろもろの存在に共通する通性原理に関する問いよりも、むしろ境位〔ステータス〕についての問いに気がついた人物として紹介しようとしたわけです。意識に対して実在的なものがいかに構成されるのかを探究する現象学的分析——そう私は言っていたのですが——は、言葉の観念論的な意味で超越論的な諸条件の探究に従事するのではありません。このような探究は、認識のさまざまな領域で「もろもろの存在者」の存在の意味を問うたりしないです。

『存在と時間』での不安〔Angst〕、気遣い〔Sorge〕、〈死へ臨む存在〔Sein zum Tode〕〉についての分析(4)のなかで、私たちは現象学のもっとも優れた実践を目の当たりにします。この実践は非常に見事で、説得力のあるものです。その目的は人間の存在や実存――人間の本質ではなく――を記述することです。実存主義と呼ばれたものはたしかに『存在と時間』によって決定されました。ハイデガーは、自分の著作にそのような実存主義的な意味が付与されることを好みませんでした。人間の実存は、たんに基礎的存在論の「場」として彼の興味を引いたのです。しかし、この著作でなされた実存の分析が、後に「実存主義的」と言われるようになる分析を特徴づけ、決定づけました。

ネモ――ハイデガーの現象学的方法で、あなたがとくに感銘を受けたのは何だったのでしょうか。

レヴィナス——志向性によって、実存することそのものと一連の「魂の状態」の総体とに生気が与えられるのですが、これらは、ハイデガーの現象学以前には「盲目的なもの」、単純な内容とみなされていました。情動性、情態性〔Befindlichkeit〕[5]に関する、たとえば、不安に関する箇所では、通俗的な研究においては、不安は原因のない情動の動きとして、より正確にいえば「対象を欠いたもの」として描かれています。ところが、ハイデガーの分析では、まさに対象を欠いたまま存在するという事実こそ真に意味があるとされているのです。不安とは無に至る本来的で適切な通路なのです。無は哲学者たちにとって派生的な概念、否定作用の所産と思われていたり、またおそらく、ベルクソンの言うように、幻影と思われていたのかもしれません。ハイデガーからすれば、無とは一連の観照的な手続きによってではなく、不安のなかで、真っ直ぐな、引き返すことのできない通路によって「到達される」ものなのです。実存それ自体はいわば志向性の結果として、ある意味によって、つまり無の原初的な存在論的意味によって生気を与えられます。無の意味は、人間の運命について、あるいは、その由来について、その最期について知ることができるということから派生するわけではありません。実存は、実存するというその出来事そのものによって、不安のなかで無を意味するのです。あたかも実存するという動詞が直接補語をもつかのように。

『存在と時間』は存在論のまさに模範であり続けてきました。有限性、現存在、〈死へ臨む存在〉などのハイデガーの諸概念はいまだに基本的なものです。たとえ、この思想の体系的な厳密さから解放されても、『存在と時間』の分析のスタイルそのもの、「実存論的分析論」が依拠する「要点」はなおもその痕跡をとどめています。『存在と時間』に捧げる私の讃辞が、この大哲学者の熱狂的な信奉者たちにはもの足りなく映るだろう、ということは承知しています。しかし、私が思うに、『存在と時間』こそが、ハイデガーの後期作品を価値あるものにしているのです。その後の作品は、『存在と時間』に匹敵するほどの印象を私に与えませんでした。もちろん理解されていることでしょうが、それらが無意味だというわけではありません。しかし、はるかに説得力に欠けたものです。こんなことを言うのは、『存在と時間』から数年後になされたハイデガーの政治参加のせいではありません。私はあの政治参加のことをけっして忘れたことはありませんし、また私の目からみれば、ハイデガーは、自己の国家社会主義〔ナチズム〕への加担について一度として身の潔白を証明したことはありませんが。

ネモ――どんな点であなたはハイデガーの第二期の作品に失望するのでしょうか。

レヴィナス――おそらく、その時期には本来の意味での現象学が姿を消してしまっているからです。ハイデガーの分析のなかで、ヘルダーリンの詩の注釈と、語源論が第一の位置を占め始めているからでしょう。もちろん、ハイデガーの思想において、語源論が副次的なものではないということは心得ています。彼にとって、言語は解明されるべき智恵を生むものなのです。しかし、このような考え方は、『存在と時間』のそれと比べてはるかに扱いにくいものであるようにみえます。『存在と時間』でも、たしかに、語源論はすでに用いられていますが、しかし、それは副次的なものであって、本来の意味での分析のなかにある、また実存の現象学のなかにある、きわめて強固なものを補足しているにすぎません。

ネモ――あなたにとって、言語はそのような根源的な重要性をもたないのでしょうか。

レヴィナス――たしかに、私には、〈語られたこと〉は〈語ること〉自体ほど重要なものではありません。語ることはその情報内容によってよりも、それが対話の相手に宛てられているという点で私にとって重要なものです。ただ、このことは後で話すことにしましょう。こうした留保にもかかわらず、二〇世紀に哲学しようと企てる人は、ハイデガー哲学を――そこから脱け出すためであっても――通過しないわけにはいかないと思います。この思想は私たちの世紀の重大な出来事なのです。ハイデガーを知らずに哲学をすると、この語のフッサール的な意味で、「素朴さ」を帯びてしまうでしょう。(6) つまり、フッサールにとっては、非常に尊敬すべき確実な知、学術的な知が存在するのですが、しかし、それは対象に吸収されてしまい、自己の対象性というその位置づけの問題に無知であるならば「素朴」なものであるのです。

ネモ――あなたはサルトルがマルクス主義について言ったのと同じことを、同様に、ハイデガーについて述べているのでしょうか。すなわち、ハイデガーとは私たちの時代の乗り越えがたい地平である、と。

レヴィナス――マルクスに対して、いまだ許しがたいことは数多くありますが……。ハイデガーに関しては、実際、基礎的存在論とその問題性を知らずにいることはできません。

ネモ——とはいえ、今日からみれば、ハイデガーのスコラ的研究があるわけですが……。

レヴィナス——……それは、思想の究極的な拠りどころを求めて進路を変えたのです。

ハイデガーの思想のもうひとつ別の本質的な貢献、つまり、哲学史の新たな読み方のことをさらに強調しておかなければなりません。過去の哲学者たちは、かつてヘーゲルによってその古めかしさから救い出されました。しかし、彼らは通過されるべき契機ないしは段階として、「絶対的な思惟」の範疇に入れられてしまいました。彼らは止揚されたのであり、つまり、保存されると同時に完全に棄て去られたのです。ハイデガーには、哲学者たちと対話し、偉大な古典に対してきわめて今日的な教えを要求するという、新しい直截なやり方があります。もちろん、過去の哲学者が直接こうした対話に身を委ねるわけではありません。過去の哲学者に今日的な意味をもたせるためには、解釈という大変な仕事をなし遂げなければなりません。しかし、この解釈学においては古くさい説を駆使するのではなく、思考されないできたものを、思考することへ、語ることへと回復させるのです。

【訳注】

（1）一九二八年夏学期からレヴィナスはフライブルク大学哲学科に留学する。同年三月にフッサールは退官していたが、翌二九年の夏学期まで講義とセミナーを担当した。レヴィナスはマールブルク大学から転任してきたハイデガーの講義やセミナーに出席し、その哲学に深く魅了される。

（2）一九三三年一月にヒトラーは首相に就任し、ナチスが権力を掌握する。また、ハイデガーがフライブルク大学の総長に就任し、ナチズムへの加担を物語る演説『ドイツ大学の自己主張』をおこなう。

（3）Emmanuel Lévinas, *La théorie de l'intuition dans la phénoménologie de Husserl*, Félix Alcan, 1930.〔『フッサール現象学の直観理論』佐藤真理人・桑野耕三訳、法政大学出版局、一九九一年〕。

（4）ハイデガーにおいて、「不安」は現存在の世界内に存在することそのものに対する根本情態性を指す。不安は日常のなかで隠蔽されている現存在の本来性を開示する契機となるが、こうした現存在に特有の存在のあり方そのものが「気遣い」と呼ばれる。不安がもっとも痛切な仕方で現存在にもたらされるのは、もはや存在が不可能となる死への先行的な関わり方によってであり、こうした存在機制は〈死に臨む存在〉と名づけられる。

（5）ハイデガーは、気分や感情、情動などを主観性の二次的な現象とはせず、むしろ、世界内に存在する現存在に根源的に関わる存在論的構造であるとした。

（6）フッサールは日常的人間の自然的認識の素朴さと近代諸科学の客観的認識の素朴さに対して、現象学のラディカリズムを対置した。

第三章　ある《イリヤ》

最初にあなたは哲学史家であり、他の哲学者たちの分析者でした。実際、フッサールとハイデガーとに関する論文や著書をいくつも公刊されています。しかし、あなた自身の思想を表明された最初の本は、『実存から実存者へ』と題された小著ですね。序文で示されているように、あなたは戦争中、ドイツの捕虜収容所でこれを書かれました。この著作の主題は何でしょうか。

レヴィナス――私が「ある《イリヤ》〔il y a〕」と呼ぶものを問題にしています。アポリネールが『ある』と題する作品[1]を書いていることを私は知らなかったのですが、しかし、この表現は、彼にとっては、実存するものの喜びや豊饒を意味しており、ハイデガーのいう「es gibt〔存在する〕」とやや似ています。ところが私にとっては正反対で、「ある」は非人称的な存在、すなわち、非人称の「il〔それ〕」の現象なのです。[2]この主題に関する私の考察は子供の頃の思い出に端を発するものです。ひとりで眠っているとき、大人たちはまだ生活を続けています。その子供は寝室の静寂が「ざわめいている」ように感じています。

ネモ——ざわめいている静寂？

レヴィナス——空っぽの貝殻を耳にあてると、その空白が満たされているかのように、その静寂がざわめきのように聞こえることとどこか似ています。たとえ何も存在しなくても、「ある」という事実は否定しえないと思うときにも感じられる何かです。あれこれのものがあるというわけではなくて、存在の舞台そのものが開かれている、つまり、〈ある〉のです。天地創造以前の絶対的な空虚というものを想像することができますが、それが〈ある〉ということなのです。

ネモ――つい先ほど、あなたは「es gibt」、つまりドイツ語の「……がある」、そして、ハイデガーがおこなった、寛大さとしての「es gibt」の分析を引き合いに出しました。この「es gibt」には「与える」を意味する動詞 geben が含まれているわけです〔gibt は動詞 geben の活用形（三人称単数現在）〕。一方、あなたにとっては、「ある」のなかに寛大さはないのですか。

レヴィナス――たしかに、私は「ある」の非人称性を強調しています。つまり、「雨が降る〔il pleut〕」や「日が暮れる〔il fait nuit〕」と同じような「ある」の非人称性です。そこには喜びも豊饒もありません。それは、このざわめきをことごとく否定した後に戻ってくるざわめきなのです。無でも存在でもありません。私は時おり、〔存在とも無とも異なる〕除外された第三者という表現を用いることがあります。この持続する「ある」を、存在する出来事と言い張ることはできません。何も存在しないのに、それを無であると言うこともまたできません。『実存から実存者へ』はこの恐るべきものを記述しようとしており、さらに、これを恐怖や狂乱として描いているのです。

ネモ――ベッドのなかで夜が続いていくのを感じている子供は、恐怖を経験している……。

レヴィナス――……けれども、それは不安ではありません。この著作は帯付きで刊行されたのですが、私はそこに「本書で不安は問題にされていない」と記しました。パリでは一九四七年に不安について多く語られるようになりました……この著作では、「ある」にとてもよく似た別の経験、なかでも不眠の経験が描かれています。不眠の状態では、眠りに達していない一個の「我」があると言いうると同時に、またそうは言いえません。目覚めた状態から脱け出すことの不可能性は何か「客観的な」ことであり、私の主導権の及ばぬことなのです。この非人称性が私の意識を吸収し、意識はその人称性を失います。私が眠らないでいるのではなくて、「それ」が眠らないでいるのです。おそらく死とは絶対的な否定であり、そこで「音楽が終わった」のです（もっとも、終わったこと自体が何もわからないのですが）。しかし、「ある」という、気も狂わんばかりの経験のなかでは、そこから脱け出すことが、「音楽を止める」ことが、全面的に不可能であるという印象を抱きます。

これこそが、私がモーリス・ブランショに見出した主題のひとつです。もっとも、彼自身は「ある」について語ってはおらず、「中性的なもの」や「外なるもの」について語っているのですが。ここで、彼はきわめて示唆的なたくさんの表現を手に入れています。彼は存在の「騒乱」、存在の「喧騒」、存在の「ざわめき」について語っています。ある夜、ホテルの一室で、仕切り壁の向こうで「動き回る音がおさまらず」、「隣で彼らが何をしているのかわからない」。問題となるのはもはや「魂の状態」ではなく、対象化する意識の終わり、心的なものの逆転です。(3) おそらく、これこそが彼の小説や物語の真の主題なのです。

ネモ——ブランショの作品のなかには心理学や社会学ではなく、存在論があるとおっしゃりたいのでしょうか。というのも、「ある」が恐ろしいものであるかどうかにかかわらず、「ある」のなかで問題となっているのは存在なのではありませんか。

レヴィナス——ブランショにおいて、それはもはや存在でも、「何か」でもありません。しかも、この場合、言い表わされたことがたえず打ち消されなければなりません——それは存在でも無でもない、ひとつの出来事なのです。最新著[*1]のなかで、ブランショはそれを「災厄〔désastre〕」と呼んでいます。これは死や不幸を意味するわけではありません。存在することとの不動性、星との関係、宇宙論的ないかなる実存からも切り離された存在、つまり、運命の星の導きから解き放たれること、〔dés-astre〕[4]を意味するのです。彼は、災厄という名詞にほとんど動詞的な意味を付与しています。こうした気が狂いそうな、強迫的な状況から脱け出すことは、彼には不可能であるようにみえます。いま私たちが話題にしている一九四七年の小著〔『実存から実存者へ』〕は、続いて一九四八年に『時間と他者』という表題で刊行された著作と同様に、私が今日こだわっているさまざまな観念をやはり追求しており、到達点というよりもむしろ道程を示す数多くの直感が生み出されています。急務として提示したのは「ある」から脱け出す試み、無意味から脱け出す試みです。『実存から実存者へ』のなかで、私は、動詞的な意味に用いられた存在の他の様態、つまり、疲労、怠惰、努力を分析しました。このような諸現象のなかに、存在を前にした戦慄、無気力な後ずさり、逃走を示し、したがって、そこにもまた「ある」の影を示したのです。

ネモ――それであなたはどんな「解決」を提案されたのでしょうか。

レヴィナス――私の最初の考えは、指でさし示すことができるような「存在者」や「何か」は、おそらく存在のなかに恐怖を呼び起こす「ある」に対する支配に相当する、というものでした。それゆえ私は特定の存在者や実存者を、「ある」という恐怖のなかでの黎明の光、太陽が昇るその一瞬のようなものとして語ったのです。つまり事物それ自身が姿を現わし、「ある」に担われるのではなく、「ある」を支配するその一瞬のことです。テーブルがあるとか、事物があるとか、言わないでしょうか。そのとき、存在は実存するものに結び付けられ、また、すでに我はそこで自分が所有する実存するものを支配しています。このように、私は実存するものの「実詞転換〔hypostase〕」、すなわち、存在から何かに至る移行、動詞の状態から事物の状態への移行について語ったのです。私は、定立された存在は「救済」される、と考えていました。実際には、その考えはまだほんの最初の段階でした。というのも、実在する我は、自分が支配しているこれらすべての実存するものによって塞がれているからです。私にとっては、ハイデガーの有名な「配慮」が実在の閉塞という形をとって現れたのでした。

そこから、ひとつのまったく別の運動が導き出されます。「ある」から脱け出すためには自己を定立するべきではなく、自己を廃位しなければなりません、つまり、廃位された王について語られるような意味で、廃位を実行しなければなりません。我によるこの主権の廃位とは、他人との社会的な関係であり、無私無欲な[5]〔dés-inter-essé 存在するものの－あいだ－から離脱した〕関係のことです。私は〔dés-inter-essé と〕三語に分けて書いていますが、それはこうした関係が意味している〈存在からの脱出〉を強調するためです。私は汚濁にまみれてしまった「愛」という言葉には気をつけていますが、しかし、この当時から、他人に対する責任、他者に対する存在が、存在の匿名的で無分別なざわめきを止めるように思えたのです。まさにこのような関係の形において、「ある」からの解放が私に見えてきました。こうしたことが私の認識を動かし、私の精神のなかで明らかになったときから、私は「ある」それ自体については、自分の本のなかではもうほとんど語ったことがありません。しかし、「ある」の影、無意味の影は、まさに無私無欲の試金石として、私には依然として不可欠であるように思われます。

【原注】

＊1　Maurice Blanchot, *L'Écriture du désastre*, Gallimard, 1981.〔『災厄のエクリチュール』は断章形式で書かれたブランショ晩年の著作〕。

【訳注】

（1）詩集『カリグラム』のなかの一篇。アポリネール独特の実験的作品で、全行「il y a」で開始される。

（2）フランス語の表現「il y a」はドイツ語の表現「es gibt」と同じく、後に名詞をともなって「…がある」を意味する。両方とも非人称構文であり、「存在する（être ないしは sein）」という動詞を使用しておらず、前者は「持っている（avoir）」、後者は「与える（geben）」が用いられている。例えばハイデガーは両者をこう区別する。「il y a は es gibt を不正確にしか翻訳していない。というのも、ここで「与える」働きをするところの「それ」は存在そのものだからである。「与える」とは、ところが、存在が自らの真理を叶えさせるという具合に与える働きをする所以の、その存在の本質のことを名指している。自らを開けた局面のなかへと、しかもその開けた局面そのものを伴いつつ、与える働きが存在そのものなのである」（『「ヒューマニズム」について』渡邊二郎訳、ちくま学芸文庫、一九九七年、六六―六七頁）。ハイデガーがドイツ語「es gibt」における存在の贈与性を強調するのに対して、レヴィナスはむしろ「il y a」の非情な非人称性に着目する。

（3）例えば、モーリス・ブランショ『謎の男トマ』（新版）の第二および第四章では、夜のホテルの一室で無名の存在がざわめく様子が、恐怖や不安をともなう経験として描写されている。

（4）désastre はイタリア語 disastro（悪い星回り）から派生した語で、「災害、災難、破綻、大失敗、不出来」を意味する。ブランショは接頭辞 dé（離去）を強調して「星（astre）の導きから解き放たれること」という含意でこの語を使用し、知、体系、主体、全体性、書物といった西欧のコスモス的秩序を拒絶する思考を描き出そうとする。ブランショの désastre に関する文章としては、小林康夫「思考とその災厄」(『不可能なものへの権利』、書肆風の薔薇、一九八九年)を参照されたい。

(5) dés-inter-essé は「intérêt (利害関心) から離脱すること」の含意から、「無私無欲な、没利害な、無関心な、公平な」などを意味する。語源をたどるとラテン語 interest は「間 (inter-) に存在すること (esse)」を意味しており、レヴィナスは「存在への固執から離脱する」というニュアンスを込めて dés-inter-essé と表現している。

第四章　存在の孤独

ネモ――『実存から実存者へ』の後、あなたは『時間と他者』を書かれました。ジャン・ヴァール[1]のコレージュ・フィロゾフィック[2]で実施した四回の講演をまとめたものですね。どんな事情でそうした講演をおこなう運びとなったのですか。

レヴィナス――ジャン・ヴァールは――私は彼に負うところが大きいのですが――意味のあることなら何でも実践しようという姿勢でした。彼の従来のやり方にそぐわないようなことでさえです。彼はとりわけ芸術と哲学の一貫性に関心を寄せていました。ソルボンヌとは別の場所でも、学術的ではない講演を聞いてもらえる機会を提供していくべきだ、と考えていたのです。そのためにこうして彼はカルチエ・ラタンにあの学院を創設したのです。それは知的な体制非順応主義が――自ら非順応主義と称するものでさえもが――大目に見られ、期待されていた場所でした。

ネモ――一九四八年といえば、数多くの思想家たちが、戦争と解放というあの大変動の後に、さまざまな問題の社会的な側面に専心していた時代でしたが、あなたは自らの形而上学の企図を固く守ろうとしていたのでしょうか。

レヴィナス――たしかにそのとおりですが、しかし、あの当時、ジャン゠ポール・サルトルとモーリス・メルロ゠ポンティが哲学の地平を支配していて、ドイツの現象学がフランスに輸入され、ハイデガーの名が知られはじめていたことを忘れないでいただきたいのです。社会的な問題だけが論じられたわけではありません。あらゆる方面に対してある種の解放感がありましたし、あらゆることに対する好奇心がありました。しかしながら、私は、純粋な哲学が「社会的な問題」に立ち向かうことなく純粋でありうるとは思いません。

『時間と他者』は他人との関係についての研究です。その関係の要素が時間であるかぎりにおける、他人との関係についての。つまり、あたかも時間は超越であり、他人や〈他者〉へのすぐれた〈開かれ〉であるかのようなのです。超越に関するこうした命題は隔時性〔diachronie〕[3]として思考されます。この命題においては、〈自同者〉は〈他者〉に対して、——たとえたんなる同時性における、〈他者〉とのもっとも表面的な偶然の一致によってでさえ、——多少なりとも時間を費やすことなくして無関心〔無差異〕ではありません。また、未来の異他性は、未来がやがて来たるべき現在、あるいはまた、未来把持[4]のうちにすでに予期されているであろう現在との関連で一挙に描かれるわけではありません。このような命題は（今日では私の頭から離れませんが）三〇年前はわずかに感じられていただけでした。『時間と他者』では、こうした命題はもっと直接的な一連の明白な事象から論じましたが、そうした事象は現在私が検討しているような問題のいくつかの要素を用意していたわけです。

ネモ――その冒頭の頁であなたは、「この講演の目的は、時間は孤立した単独の主体に関わる事実ではなく、そうではなくて、時間はまさに主体と他者との関係そのものである、ということを明らかにすることである」[*1]と書かれています。これは奇妙なはじまり方ですね。孤独それ自体がひとつの問題である、と想定しているわけですから。

レヴィナス――孤独は「実存主義的な」テーマでした。当時、実存は孤独という絶望として描かれたり、不安のなかでの孤立として描かれたりしました。この本では、実存することの孤立から脱け出す試みを表現しています。本書に先立つ『実存から実存者へ』が「ある」という状態から脱け出す試みを提示していたのと同じように。ここでもまた、二つの段階があります。まず第一に、私は認識を通じた世界への「脱出」を検討しています。私が努力して示そうとしたのは、次のようなことです。つまり、知は現実においては内在的なものであって、知においては存在の孤立という断絶はないということ、また他方で、知の伝達を通じて、ひとは他人の傍らにいるのであって、他人と対決したり、他人に真正面から立ち向かっているわけではないということです。しかし、他人と直接的な関係にあるということは、他人を主題化し、既知の対象を考察するのと同じやり方で他人を考察することでも、他人に認識を伝達することでもありません。現実においては、存在しているという事実はきわめて私的な何ものかです。実存とは私が伝達しえない唯一のことがらなのです。私は実存を語ることはできます。しかし、私の実存を分かち合うことはできません。かくして孤独は、存在するという出来事そのものを示す孤立として現われます。社会的なものは存在論の彼方にあるのです。

ネモ――あなたはこう書かれていますね。「凡庸な言い方だが、私たちはけっして単独で実存しているわけではない。私たちはさまざまな存在や事物にとり囲まれ、それらとさまざまな関係を維持している。視覚、触覚、共感、共働を通して、私たちは他者たちと共にある。このような関係はすべて、他動詞的なものである。私は対象に触れ、他者を見るのであり、私が他者であるわけではない」[*2]。

レヴィナス――この〈共に〔avec〕〉を孤独から脱け出す可能性として問いに付すことが、そこではっきり述べられているわけです。「共に実存する」ということは、実存の真の分かち合いを表現しているのでしょうか。こうした分かち合いはどうしたら実現できるのでしょうか。――あるいはまた（「分かち合い」という言葉が、実存が所有の秩序のなかにあることを意味しているということは）、私たちを孤独から脱け出させてくれる、存在への融即〔participation〕[5]があるのでしょうか。

ネモ——自分がもっているものを分かち合うことはできるけれども、自分がそうであるところのものは分かち合うことができない、ということでしょうか。

レヴィナス——ええ、さらに言うならば、存在の根本的な関係とは、ハイデガーにおいては、他人との関係ではなく、死との関係です。ひとは独りで死ぬのですから、死においてこそ、他人との関係のなかにある非‐本来的な何ものかがことごとく暴かれるのです。

ネモ——あなたは次のように続けています。「私はまったくの独りである。それゆえ、私のなかの存在、私が実存しているという事実、私の実存することこそが、絶対的に自動詞的な要素を、つまり、志向性や関係性をもたない何ものかを構成するのである。実存することを除けば、存在相互のあいだではすべてが交換されうる。

その意味では、存在することは実存することによって孤立することである。私が存在している限り、私はモナドである。私には戸口も窓もないのだが、それはまさに実存することによってであり、私のうちにある伝達しえない何らかの内容によるものではない。実存することが伝達しえないのは、私のうちにあってもっとも私的なものである私の存在のなかに、実存することが根を張っているからである。したがって、私の認識の増大、自己を表現する私の手段の増大はすべて、実存することに対する私の関係、すぐれて内的な関係に対しては何の効果もないままである」[6]。

レヴィナス――ただ、十分に理解しておかなければならないのは、孤独はそれ自体としてはこれらの考察のもっとも主要なテーマではないということです。孤独は存在のしるしのひとつにすぎません。孤独から脱け出すことではなく、存在から脱け出すことこそが問題なのです。

ネモ――すると、〔存在から抜け出すための〕最初の解決策は、認識において、また、あなたが「糧」と呼んでいるもののなかで、世界との関係によって構成されている自己からの脱出というわけですね。

レヴィナス――それはありとあらゆる地の糧という意味です。すなわち、主体が自らの孤独をまぎらわすためのさまざまな喜びのことです。「孤独をまぎらわす」という表現自体、この自己脱出の、非現実的で、まったく表面的な性格を示しています。認識に関して言えば、それは本質的に、同一視され、包括されるものとの関係、その他者性が中断されるものとの関係、内在化されるものとの関係なのです。私の尺度、私の物差しに応じたものなのですから。デカルトのことが思い起こされます。コギトは太陽と空を我がものとすることはできるが、無限の観念だけは手に入れることができない、と彼は言いました。認識とはつねに思考と思考されるものとの合致です。認識においては、結局、自己からの脱出の不可能性が認められます。ですから、社会性は認識と同じ構造をもつことができないのです。

ネモ――そこには逆説的な何かが感じられますね。反対に、通常の意識にとっては、認識とはほぼ明らかに私たちを自己から脱出させるものです。にもかかわらず、あなたは、星々のようにもっとも遠く離れたものの認識においてさえ、私たちは「自同者」の要素のなかにとどまっている、と主張されるのでしょうか。

レヴィナス――認識はつねに同化として解釈されてきました。もっとも驚くべき発見でさえ、最終的には、「とらえる〔prendre〕」べきすべてのものとともに、「了解すること〔comprendre〕」のなかに吸収され、包含されてしまいます。もっとも大胆ではるか遠くへの認識でさえ、私たちを真の他者と交流させるわけではありません。つまり、認識は社会性にとって代わるものではなく、依然として、つねに、孤独であるのです。

ネモ――あなたは認識をまるで光のように考えて話されていますね。つまり、照らし出されるものはそのことによって所有されるのですね。

レヴィナス――あるいは、所有することができるのです。もっとも遠くの星々に至るまで。

ネモ――では孤独からの脱出は、逆に、喪失や離脱ということになるのでしょうか。

レヴィナス――社会性は、認識によるのとは別の仕方で存在から脱け出す方法でしょう。『時間と他者』ではその論証を完全におこなっているわけではありません。しかし、そのころの私には時間こそが実存の拡張なのだと思われたのです。この著作はまず、志向性に還元されないいくつかの構造を他者との関係のなかで提示しています。志向性は精神の精神性そのものを表象している、というフッサールの考えに疑義を呈しているわけです。そしてまたこの著作では、この関係において時間のはたす役割を理解しようと試みています。つまり、時間とはたんなる持続の経験ではなく、私たちの所有する事物のある方向とは別のところに私たちを導く、力動的なものなのです。まるで、時間のなかには、私たちと同等なものを超えた彼方へと向かう運動があるかのようです。到達しえない他者性との関係としての時間、またそれゆえ、律動とその反復の中断としての時間です。『時間と他者』では、主要な二つの分析がこのような主張を支えています。それは一方で、エロス的な関係、つまり、女性的なるものの他者性との――混沌のない関係です。他方では、私から――ある意味では、依然として私でありながら、にもかかわらず、絶対的に他者でもある――もうひとりへと至る父性の関係なのです。こうした時間性は、〔子供を産むという〕多産性において、〔他者としての我が子という形で〕具体性を帯び、〔子供の時間が父の未来かつその子供自身の未来でもあるという〕論理的な逆説を孕みます。これらは、〈自同者〉が〈他者〉を支配し、吸収し、包括するような、また、知がそのモデルであるような関係とはまったく対照的な、他者性との関係なのです。

【原注】

＊1 *Le Temps et l'Autre*, Fata Morgana, Montpellier, 1979, p. 17.〔『時間と他者』原田佳彦訳、法政大学出版局、一九八六年、三頁〕。

＊2 *Ibid.*, p. 21.〔同書、八頁〕。

【訳注】

（1）ジャン・ヴァール（Jean Wahl, 1888–1974）は、二〇世紀のフランス思想界で主導的な役割を果たした哲学者。ベルクソンの弟子として学問的活動を開始し、英米哲学、ヘーゲル、キエルケゴール、フッサール、ハイデガー、ヤスパースなど多方面にわたる業績がある。第二次世界大戦中はヴィシー政権によってソルボンヌ大学の教授職から追放され、四一年にナチス占領軍に投獄されたが、同年末に脱出。四二年にアメリカに亡命して教鞭をとった後、四五年に帰仏。ソルボンヌ大学に復職し、哲学の学院「コレージュ・フィロゾフィック」を創設し、「形而上学・倫理学評論」誌を主宰した。

（2）コレージュ・フィロゾフィック（Collège philosophique）はジャン・ヴァールがウラジミール・ジャンケレヴィッチらの協力を得て一九四六年に創設した哲学学院。哲学研究の共同実践の促進を目的とするこの学院では、伝統的な大学界とは一線を画して、より自由な雰囲気での研究活動が奨励された。一九七四年、同学院を継承する形でコレージュ・ド・フィロゾフィー（Collège de Philosophie）がソルボンヌ大学内に設立され、リュック・フェリーとアラン・ルノーが長い間中心的な役割を果たした。

（3）diachronie は言語学用語で「通時態」を意味し、「ある対象を時間的経過に即して把握すること」を指す。「複数の対象の関係性を時間軸上の一点において把握する」synchronie（共時態）と対立する。レヴィナスは接頭辞 dia-（分離、区別）を強調することで、〈私〉の時間のなかに現前することのない他者との時間的な隔たりを表現しようとする。

（4）「未来把持（Protention）」はフッサールの現象学用語で、〈まさに到来しつつあるもの〉に対する現在の意識作用のこと。〈たったいま過ぎ去ったもの〉に対する意識の働きである「過去把持」とともに、時間意識の総合的構成をなす。

（5）「融即（participation）」はフランスの社会学者リュシアン・レヴィ゠ブリュールが提唱した概念で、自然の神秘的共同性によって異なる存在者が結ばれて同一の存在と化すような存在様式を指す。プラトンのイデア論の文脈では、経験的世界における感覚的事象が叡知界のイデアに与って存在する仕方を指し、「分有」と訳される。「プラトン的な類の分有とは根本的に区別された神秘的な融即において、主客両項の自己同一性は消滅する。両項は、それぞれの実体性そのものの根拠を脱ぎ捨てるのだ。〔……〕存在する主体に支配されていたおのおのの項の私的な実存は、この私的な性格を失い、不分明な基底にたち帰る。一方の実存が他方を浸し尽くすと、そのこと自体によってもはやそれは一方の実存ではなくなる。こうした実存のうちに私たちは〈ある〉を認める」(『実存から実存者へ』西谷修訳、ちくま学芸文庫、二〇〇五年、一二八―一二九頁)。

(6)『時間と他者』、前掲書、八―九頁。

第五章　愛と親子関係

ネモ――最初の分析〔第四章末参照〕では、他者との関係は、対象を認識する主体というモデルとは訣別していましたが、この分析はエロスにかかわる分析なのですね。愛とは認識なのだとさまざまに喩えられているにもかかわらず。他人の他者性は、時間の未来として意義があるのでしょうか。

レヴィナス――エロスにおいては、論理的ないしは数値的な差異――どんな個人をもどんな他者とも形式的に区別する差異――には還元されない他者性が存在相互のあいだで称揚されます。しかし、エロス的な他者性は、比較可能な存在のあいだで、互いを区別する異なった属性のどちらか一方に帰されるべき他者性に限定されるわけではありません。女性的なものは男性存在にとって他なるものなのですが、それはたんに本性が異なっているからではなく、他者性がいわば、女性的なものの本性であるからです。エロス的な関係において他人における別の属性は重要ではありません。他人における他者性という属性こそが重要なのです。『時間と他者』では、男性的なものと女性的なものは、両者の個人間の交流を支配する中立的な相互関係において考えられてはいません。主体の我はその男らしさのなかにあると仮定され、また、女性であることに固有の存在論的な構造が究明されてさえいますが（これについては、後で一言つけ加えます）――まったくの時代錯誤でしょうか――女性的なものは本性的な他者として、まさに他者性の概念そのものの起源として記述されています。これらの見方が最終的に適切であるのかどうか、またこうした見方がかなりの修正を求められるだろうということは、大した問題ではありません！　これらの見方のおかげで、数値的な差異や本性的な差異という意味には還元しえないいかなる意味で、エロス的な関係を支配する他者性を考えることができるのか、ということが理解できるのです。こうしたエロス的な関係においては何ものも、そこで称揚されているこの他者性を減少させはしません。他者性を廃棄してしまう認識、ヘーゲルの「絶対知」において、「同一と非同一との同一性」を讃える認識とは正反対に、他者性と二元性は愛情関係のなかから消え去ることはないのです。二つの存在のあいだの混乱であるかのような愛の観念は、ロマンティックな偽の観念です。エロス的な関係の悲哀は、二人であること、そして、他者はあくまでも絶対的に他者である、という事実によるものです。

ネモ――とすると、他人を認識しないことこそが、関係をもたらすのでしょうか。

レヴィナス――認識しないことというのは、この場合、認識の欠如として理解すべきではありません。認識に関連してはじめて、予見しえないことは他者性の形式となります。認識にとって、他者とは本質的に予見しえないものです。しかし、他者性は、エロスにおいては、予見しえないことと同義ではありません。愛が愛であるということは知の失敗というわけではないのです。

ネモ——『時間と他者』で愛情関係に割かれた章から何箇所か引用しておきましょう。「性の差異は相補的な二項からなる二元性ではない。というのも、相補的な二項はあらかじめ存在するひとつの全体を前提とするからである。ところで、性の二元性がひとつの全体を前提としているということは、愛を融合した状態としてあらかじめ想定することである。だが逆に、愛の悲哀はもろもろの存在の克服しがたい二元性によるものであり、それはいつまでも絶えず逃れ去ってゆくものとの関係である。こうした関係は、そのこと自体によって、他者性を中性化するのではなく、他者性を維持するのである。〔……〕他者としての他者は、この場合、われわれのものになったり、われわれ自身と化したりする対象ではなく、逆に、自らの神秘のなかに引き退くのである。〔……〕女性的なものというこの観念において、私にとって重要なことは、たんに認識しえないというだけではなく、光から身を隠すことを本義とする存在の様態である。実存において、女性的なものはひとつの出来事――光に向かっていく、空間的な超越あるいは表現〔表出〕という出来事とは異なる出来事――である。光を前にした逃避である。女性的なものが実存するそのあり方は、自らを隠すこと、すなわち、慎みである。したがって、女性的なもののこうした他者性は対象のたんなる外在性のうちにあるわけではない。それはまた、さまざまな意志の対立から生じるものでもない」[*1]。

「……女性的なものの超越はどこかよそへ身を引く点にあり、意識の動きに対立する運動である。しかし、この運動は無意識的とか下意識的とかであるわけではなく、私はそれを神秘と呼ぶ以外に仕方がないと思う。他人を自由として措定し、光という言葉で考えることによって、われわれは交流《コミユニカシオン》の失敗を認めざるをえないのだが、ここでは、われわれはひとつの自由の獲得あるいは所有を目指す運動の挫折しか認めなかったのである。ただエロスがどのように所有や権力とは異なることを明らかにすることによってのみ、われわれはエロスのなかに交流を認めることができるのだ。エロスとは戦いでも融合でも認識でもない。さまざまな関係のうちで、エロスの例外的な位置を承認しなければならない。それは、他者性との関係、神秘との関係、つまり、未来との関係、すべてが現存する世界のなかで、決して現存しないものとの関係なのである*2」。

レヴィナス――おわかりのように、この最後の一節は時間と他者とを合わせて考えることへの関心を物語っています。他方でまた、おそらく、男性的なものと女性的なものとの存在論的な差異に関するこのような暗示はすべて、もし、それが人間を二つの種（あるいは二つの性）に分けるのではなく、男性的なるものと女性的なるものの分有がいかなる人間存在にも固有のものである、という意味であるとすれば、さほど古めかしいものとは思われないでしょう。これが「創世記」第一章第二七節の謎にみちた一節、「神はこれを男と女に創造された」の意味なのではないでしょうか。

ネモ——引き続き、官能の分析をされています。「愛撫されているものは、正確に言えば、触れられているわけではない。愛撫が求めているのは、触れているこの手の柔らかさやぬくもりではない。こうして愛撫が求めているということこそ、愛撫が何を求めているか自らは知らないという事実によって、愛撫の本質をなすものである。この「知らない」ということ、この根本的に「無秩序な状態」が愛撫の核心である。愛撫は逃れ去ってゆく何ものかとのいわば戯れ、企図も計画も完全に欠いた戯れであり、われわれのものになりえたり、われわれ自身になりえたりするものではない他の何ものか——つねに他であり、つねに倒達しがたく、つねに来るべき何ものかとの戯れである。愛撫はまた、内実のないあの純粋な未来への期待なのである」[*3]。

さて、他者との関係には第二の形態があるのですね。認識の関係ではなく、存在の外への脱出を確かに実現し、そして、時間の次元をも含む第二の形態、つまり、父子関係〔filialité〕というものが。

レヴィナス——父子関係はよりいっそう神秘的なものです。なぜなら、他人が根源的に他者であり、にもかかわらずまた、いわば他人が我でもあるような、他人との関係ですから。父たる我は、占有や所有とは異なった仕方で、自分のものである他者性と関わっているのです。

ネモ——息子は、父にとっては不可能でありながら、にもかかわらず、父自身の可能性でもあるような可能性を表象している、とあなたはおっしゃっています。

レヴィナス――私は、いつか、ジャン・ヴァールのところで、「可能なものの彼方へ」と題して父子関係についての講演をしたことがあります。あたかも、私の存在が、多産性のなかで――そして、子供たちの可能性から出発して――、一個の存在という自然のなかに書き込まれた可能性を乗り越えるかのような内容の話をしました。私が強調したいのは、一方では実体の、他方では超越論的な主観性の、存在論的、また論理的でさえある条件の大変動――これが何を意味するのか、ということです。

ネモ――あなたはそこに、まさに存在論的な特徴を見出していて、それはたんなる心理学的な波乱《アクシデント》、あるいは、生物学的な策略らしきものだけではないというのですね。

レヴィナス――心理学的な「波乱《アクシデント》」というのは、存在論的な関係が明るみに出る回路だと思います。心理学的なものは予期せぬ偶然の出来事ではないのです。

他者の可能性をあなた自身の可能性とみなすこと、あなたの自己同一性の囲いから脱け出しうるということ、あなたに授けられたものから、あなたに授けられてはいないけれどもあなたに属している何ものかに向かって脱け出しうるということ――これらの事実が〈父である〉ということなのです。私自身の存在の彼方にあるこのような未来――時間を構成するこのような次元――は、〈父たること〉において何らかの具体的な内実をもつのです。こうした事実のなかに、子供をもたない人たちが何らかの軽視を感じとる必要はありません。というのも、生物学上の父子関係は、父子関係の最初の形態にすぎないからです。しかしながら、父子関係は、生物学的な親子の絆抜きの人間同士の関係として、十分に理解することができます。他人に対して、父としての態度をとることはできます。他人を自分の息子とみなすことこそまさに、私が「可能なものの彼方へ」と呼んでいる関係をその人と結ぶことなのです。

ネモ――そのような精神的な父子関係の例を挙げてもらえますか。師弟関係にはどこか似たところがありますね。

レヴィナス――父子関係と兄弟関係〔fraternité〕――生物学的な基盤のない親子のような関係――は、私たちの日常生活でよく用いられる譬えです。師弟関係は父子関係や兄弟関係として単純化されてしまうわけではありませんが、しかし、たしかにどちらも含んでいます。

ネモ――あなたはこう書かれていますね。「父であるということは、他人でありながら、私であるという異邦人との関係である。私と私自身との関係、ただし、私に対して異邦人である私自身との関係である。実際に、息子は、詩や製作物のようなたんなる私の作品ではなく、私の所有物でもない。権力や所有といったカテゴリーでも、子供との関係を表すことはできない。原因という観念によっても、所有物という観念によっても多産性という事実を把握することはできない。私は子供をもつのではなく、ある意味において、私は私の子供なのである。ただし、「私はある」という言葉は、ここでは、エレア派的ないしプラトン的な意味作用とは異なる意味作用をもっている。この実存するという動詞には、多様性と超越——もっとも大胆な実存主義的分析にさえ欠けている超越がある。他方で、息子というものは、私の身に起こる何らかの出来事、たとえば、私の悲しみ、私の試練、私の苦痛といったようなものではない。それは一個の我であり、一個の人格である。つまるところ、息子の他者性は他我の他者性ではないのだ。つまり、父であることは、私が息子の立場に身を置くことを可能にするような共感ではない。すなわち、私が私の息子であるのは、私の存在によってであって、共感によってではないのである。〔……〕自由が生まれ、時間が成しとげられるのは、原因というカテゴリーにしたがってではなく、父というカテゴリーにしたがってのことである。〔……〕父であることはたんに、息子のなかで父を再生することでも、父と息子とを混同することでもない。それはまた、息子との関係における父の外在性でもある。父であることは多元的に実存することなのである」[*4]。

【原注】

＊1 *Le Temps et l'Autre, op. cit.*, pp. 78-79.〔前掲、八五―八七頁〕

＊2 *Ibid.*, p. 81.〔同、八九―九〇頁〕

＊3 *Ibid.*, p. 82.〔同、九〇―九一頁〕

＊4 *Ibid.*, pp. 86-87.〔同、九四―九五頁〕

第六章　秘密と自由

ネモ——今回は一九六一年に出版された『全体性と無限』についてお話をうかがいましょう。これは『存在するとは別の仕方で、あるいは存在することの彼方へ』と並ぶ、あなたの哲学上の主著のひとつです。この表題はそれ自体でひとつの問題ないし問いを含んでいます。「全体性」と「無限」はいかなる点で対立するのでしょうか。

レヴィナス——この二つの言葉の組合せそのものに含まれている全体性の批判のな

かには、哲学の歴史への参照があります。この歴史は普遍的な総合の試みとして、つまり、経験の全体を、理性にかなったことのすべてを一個の全体性へと還元する試みとして解釈することができます。この全体性においては、意識が世界を包摂し、意識の外に他のいかなるものも残さないので、かくして意識は絶対的な思惟と化します。自己意識は同時に、全体についての意識ということになります。哲学の歴史を通じて、このような全体化に対する異議申し立てはほとんどなされませんでした。私はと言えば、フランツ・ローゼンツヴァイクの哲学――これは本質的にはヘーゲルに関する議論です――のなかではじめて全体性に対する根本的な批判に出会いました。(1)この批判は死という経験から出発します。つまり、全体性のなかに包括される個人が死への不安を克服せず、自らの固有の運命を放棄しなかった以上、その個人は全体性のなかで安住しえない、あるいは、こう言ってよければ、全体性は「全体化」されないのです。ローゼンツヴァイクにおいては、それゆえ、全体性の破裂があり、また、理性にかなうものが探査されるなかで、まったく別の道が開かれるのです。

ネモ――西欧の哲学が探究してこなかった道ですね。むしろ西欧の哲学は体系への道を好んできたのですね。

レヴィナス――実際たしかに、それはヘーゲル哲学において絶頂に達する、西欧哲学の歩みそのものです。ヘーゲル哲学はまさに、哲学そのものの到達点とみなすことができるのですから。西欧哲学では精神的なものと理性にかなったものがつねに知のなかにありますが、そうした西欧哲学の至るところに、この全体性への郷愁をみることができます。あたかも全体性が失われてしまっていて、その喪失が精神の罪ででもあるかのようなのです。それゆえ、現実の全容を見渡す視野こそが真理であり、また、精神に対して完全な満足感を与える、ということになります。

ネモ――そうした包括的な視野は、したがって、偉大な哲学体系を特徴づけるものですが、あなたにとっては、意味というものについてのもうひとつの経験をないがしろにしているようにみえるのですね。

レヴィナス――関係性についての、還元しえない究極的な経験は、たしかに、どこか別のところにあるように思います。〔体系的な〕総合のなかにではなく、人間同士の対面関係に、つまり、社会性のなかに、その道徳的な意味作用のうちにあるように思われます。しかし、これはぜひ理解しておく必要があるのですが、道徳性は、全体性とその危険についての抽象的な反省の上に、第二の層として生じるものではありません。つまり、道徳性は、物事の前提をなす独立した範囲を有するのです。第一哲学とは倫理なのです。

ネモ――唯一の知のなかに意味の全体を究極的に全体化することができる、という考え方に対抗して、あなたが「総合されえないもの」と呼んでいるものがあります。それでは、これは倫理的な状況ということになるでしょうか。

レヴィナス――典型的な意味で「総合されえないもの」とは、間違いなく、人間相互の関係です。また、神の観念、とりわけ、デカルトが考えていたような神の観念が存在の全体性の一部をなしうるのか、もしそうではないとすれば、それはむしろ存在を超越したものではないか、と問うこともできるでしょう。この「超越」という言葉は、神と存在とをひとつのものとして考えることはできないという事実を、正確に示しています。個人相互間の関係においても同じように重要なのは、私と他者とをひとつのものとして考えることではなく、〔両者が〕対面していることです。真の合一、真の一体化とは、総合による一体化ではなく、対面による一体化なのです。

ネモ――総合されえないもののもうひとつの例が、この著作〔『全体性と無限』〕のなかで挙げられています。ある人の人生はその誕生から死まで、他の誰かによって、つまり死んではいない人によって、あなたが生存者や歴史家と呼んでいる人によって書き記されるかもしれません。ところで、みなが各々気づいていることですが、ある人の人生の軌跡と、その人の人生のなかでも歴史や世界のさまざまな出来事の時系列的な一連の出来事のなかにやがて記録されることとなることとのあいだには、単純化しえない差異があります。したがって、私の人生と歴史がひとつの全体性を形成することはないということですね。

レヴィナス――ええ、たしかに、その二つの観点は絶対に総合されえないものです。人間相互のあいだには、あらゆる総合の前提をなす共通なものの領域が欠けています。そうした共通の要素が客観化された社会を語ることを可能にし、人間を事物に似通わせ、事物のように個別化させるのですが、こうした要素は根本的なものではありません。人間の真の主観性は、ライプニッツの表現によれば、不可識別です。したがって、人間が一体化しているのはひとつの類に属する諸個人としてではありません。ひとはいつでもそのことを、主観性の秘密を語るなかで了解してきたのです。しかし、この秘密はヘーゲルに嘲笑されました――そんなふうに語るのはロマンティックな思想にお似合いだ……と。

ネモ――全体性の思想においては、秘密が容認されえないがゆえに、全体主義が起こるというのですね。

レヴィナス――実際、全体性に対する私の批判は、私たちがまだ忘れ去ってはいない政治的な経験から生まれたものです。

ネモ――さて、政治哲学について話しましょう。『全体性と無限』であなたは「社会性」を、社会「一般」という包括的で総合的な概念とは別のものによって根拠づけようとしています。こう書かれています。「現実は、たんにその歴史的な客観性においてのみ規定されるべきではなく、歴史的時間の連続性を中断する秘密によって、つまり、内面的な志向からも規定されるべきである。社会の多元性はこうした秘密によってはじめて可能となる」[*1]。かくして、自由を尊重する社会は、もはや、たんに「自由主義」――物事を自由に成り行きにまかせておくことで、社会はもっとも上手く機能すると仮定する客観的な社会理論――だけをその基盤とすることはできないことになります。そのような自由主義は自由というものを、生の本質的な秘密にではなく、何らかの客観的な原理に従属させてしまうでしょう。そうなると、自由はまったく相対的なものにすぎなくなります。つまり、自由を沈黙させておくためには、政治的あるいは経済的な次元で、ある特定の組織形態がもっとも効率的なものであることを客観的に証明すればそれで十分だ、ということになります。真に自由な社会を築き上げるためには、何よりも「秘密」という形而上学的な観念がまさに必要不可欠ではないでしょうか。

レヴィナス——『全体性と無限』は、私が初めてそちらの方向へ踏み出した本です。間主観的な関係の内実という問題を提起しようとしているのです。というのは、私たちがこれまで述べてきたのはただ否定的なことだったからです。全体的で加算的な社会性とは異なるこの「社会性」は、肯定的な意味では、いかなる要素から成り立つのでしょうか。まさにこのことで、その後の私は頭がいっぱいでした。あなたが読んでくださった一節は、今日の私に本質的なものと思われることからみれば、いまだかなり形式的なものにとどまっています。

なぜなら、私がたった今述べたことから、理性のいかなる過小評価も、また、普遍性に対する理性の渇望のいかなる過小評価も導き出すべきではないからです。ただたんに、私は自分が記述したような間主観的なものの切迫した要請そのものから、合理的な社会の必然性を導き出そうとしているのです。語の通常の意味での社会というものが、はたして「人間は人間にとって狼である」という原理に制限を加えた帰結なのか、あるいは逆に、「人間は人間のために《ヽヽヽ》ある」という原理に制限を加えた帰結なのかということを知るのはきわめて重要なことです。制度、普遍的な形態と法律を備えた、社会的なものとは、人間同士の戦いの結果を制限したことの帰結なのでしょうか、それとも、人間の人間に対する倫理的な関係のなかで開示される無限を制限したことの帰結なのでしょうか。

ネモ――前者の場合は、政治とは、ミツバチやアリの社会と同じように、社会をその内部で調整することであるという考え方ですね。これは自然主義的かつ「全体主義的」な考え方です。後者の場合には、また別の本質をもつ、政治の上に張り出した、倫理的な、高度な調整作用があるのでしょうか。

レヴィナス――たしかに、政治は倫理的なものによってたえず統御され、批判されうることが必須です。このような社会性の第二の形によって、各人にとってその生命であるあの秘密は正当なものとされます。この秘密は、閉ざされた内面性という厳密に個人的なある領域を孤立させる囲い込みに起因するのではありません。それは他人に対する責任に起因する秘密であり、その倫理的な出来事のなかで譲渡しえない秘密、それから逃れることのできない、したがって、絶対的な個人性の原理としての秘密なのです。

【原注】

＊1　*Totalité et infini*, éd. Martinus Nijhoff, La Haye, 1974, p. 29.〔『全体性と無限（上）』、熊野純彦訳、岩波文庫、二〇〇五年、九六頁〕。

【訳注】

（1）フランツ・ローゼンツヴァイク（Franz Rosenzweig, 1886–1929）はドイツのユダヤ人哲学者。博士論文『ヘーゲルと国家』以来ヘーゲル哲学の批判的注釈に取り組み、二〇世紀の記念碑的大著『救済の星』（村岡晋一ほか訳、みすず書房、二〇〇九年）では、タレスからヘーゲルに至る西欧の〈全体性〉の哲学に対して、ユダヤ的精神を援用しつつ、神・世界・人間という三つの要素のあいだの超越の運動が創造・啓示・救済という宗教的経験を通じて把握される。レヴィナスによる「フランツ・ローゼンツヴァイク——ある近代ユダヤ思想」（『外の主体』合田正人訳、みすず書房、一九九七年）も参照されたい。

第七章　顔

ネモ――『全体性と無限』では、顔についてずいぶん論じられています。顔はあなたが頻繁にとり上げる主題のひとつです。この顔の現象学、すなわち、私が対面して他人を眼差すときに起こることについての分析は、何を要素とし、何の役に立つのでしょうか。

レヴィナス――顔の「現象学」について語ることができるのかどうか、私にはわかりません。現象学は現われるものを記述するのですから。同様に、顔に向けられた眼差しについて語りうるのかどうか、とも思います。なにしろ、眼差しは認識であり、知覚ですから。むしろ、顔への接近は直ちに倫理的なものであると思います。鼻や眼や額や顎を見て、それらを記述することができれば、あなたは何らかの物体に向かうのと同じように、他人に向かうことになるからです。他人と出会うときの最良の方法とは、まさに相手の眼の色にさえ注意を払わないようにすることなのです！　眼の色を注視しているとき、私たちは他人と社会的な関係を結んでいるわけではありません。顔との関係はなるほど、知覚に支配されるかもしれませんが、顔に特有なものは知覚に還元されえないものです。

まず最初に、顔には廉直さそのものがあり、顔は無防備で廉直な仕方で露呈します。顔の皮膚はもっとも赤裸々で、もっとも貧しいままの皮膚です。慎み深い露出であるにもかかわらず、もっとも赤裸々なものです。それはもっとも貧しいものであり、そしてまた顔には本質的な欠乏があるのです。その証拠に、ひとは気取ってみせたり、すましてみせたりしてこの欠乏を覆い隠そうとします。顔は、暴力的な行為へと私たちを誘うかのように露呈され、脅威に曝されています。しかし同時に、顔は私たちに殺すことを禁じるものでもあります。

ネモ――実際、戦争の話によれば、正面から見つめている相手を殺すのは難しいようですね。

レヴィナス――顔は意味作用であり、しかも、文脈《コンテクスト》のない意味作用です。つまり、他人はその顔の公正さにおいては、ある文脈のなかにあるひとりの人物ではない、ということです。通常、ひとは何らかの「人物」です。例えば、ソルボンヌ大学の教授であったり、国務院の副議長であったり、誰それの子息であったりするわけですが、それらはすべて、パスポートのなかで服をまとい、その姿を現わす流儀なのです。そしてまた、いかなる意味作用も、この言葉の通常の意味において、こうした類のひとつの文脈に関連しています。つまり、あるものの意味は他のものとの関係のなかにあるのです。ここでは、反対に、顔はただそれだけで意味なのです。あなたはあなたである、というように。この意味で、顔は「見られる」ことはない、と言うことができます。顔はあなたの思考が包含する内容にはなりえないのです。それは包含しえないものであり、あなたを彼方へと導いていきます。それゆえ、顔の意味作用は、知と相関的なものとしての存在から顔を逃れさせるのです。反対に、視覚《ヴィジョン》は適合の探求であり、とりわけ、存在を吸収するものです。しかし、顔との関係は直ちに倫理的なものです。顔とは殺すことができないものであって、少なくとも、顔の意味は「汝、殺すなかれ」と言うことにあるのです。たしかに殺人はありふれた出来事で、人は他人を殺すことができます。ですから、倫理的な切迫した要請は存在論的な必然ではありません。たとえすでに犯した悪にたいするやましさ——悪への悪意——のうちに禁止の権限がなおも保持されているとしても、殺害の禁止は殺人を不可能にするわけではありません。この殺すことの禁止は『聖書』にも出てきますが、そこでは人間の人間性がこの天地に拘束されるものとして説明されています。しかし、実を言えば、この「倫理的な特異性」――人間の人間性――が存在のなかに出現することは存在の断絶なのです。たとえその存在が自らをとり戻し、回復するとしても、この断絶には意味があるのです。

ネモ――他人とは顔ですが、しかし、にもかかわらず、他人は私に語りかけ、私は他人に語りかけます。人間の言説もまた、あなたが「全体性」と呼ぶものを断ち切るひとつの仕方ではありませんか。

レヴィナス――その通りです。顔と言説は結びついています。顔が語りかけるのです。顔こそがあらゆる言説を可能にし、開始させるという意味で、顔が語るのです。私はさきほど、他人との真の関係を叙述するために、視覚《ヴィジョン》という観念を退けましたが、言説こそが、もっと正確に言うと、応答〔réponse〕、あるいは責任〔responsabilité〕こそが、こうした真の関係なのです。

ネモ――しかし、倫理的な関係は知の彼方にあるのですから、また他方で、言説が確かにこの論理的な関係を担うわけですから、そうなると、言説そのものも、知の次元にあるものではない何かなのではないでしょうか。

レヴィナス――たしかに私は、言説のなかで、〈語ること〉〔le dire〕と〈語られたこと〉〔le dit〕をいつも区別してきました。語ることが語られたことを含まなければならないということは、社会に法や制度、社会的諸関係を課す必然性と同じ次元の必然性なのです。しかし、語ることは、私が顔の前にとどまって、ただたんにじっとそれを観照することではなく、私がその顔に応答することです。語ることは他人に挨拶をするひとつの方法ですが、他人に挨拶をすることはすでに他人に応えて責任を負うことなのです。誰かの面前で、沈黙しているのは難しいものですが、この難しさの究極的な根本は、語られることが何であれ、語ることに固有のこうした意味作用のなかにあります。雨についてであろうと、良い天気についてであろうと、とにかく何かを語らなければなりません。しかし、相手に語りかけ、応答すること、そのことがすでに、相手に責任を負うことになるのです。

ネモ――あなたは、他人の顔に「気高さ」や「高尚さ」がある、と語っています。他人のほうが私よりも高尚である。それはどういう意味なのでしょうか。

レヴィナス――「汝、殺すなかれ」が、顔の語る最初の言葉です。これはひとつの命令〔秩序〕です。顔の出現のなかには、あたかも主人が私に語りかけるかのような、ある掟があるのです。しかし同時に、他人の顔は貧しいものでもあります。それは私が、そのためだったらどんなことでもなしうるし、また、それに対してすべてを負っているような貧しいものなのです。そして、私はといえば、私が誰であれ、「一人称」として、呼びかけに応答するための方策を見出す者なのです。

ネモ――こんなふうに言いたくなります。ある場合には、あなたの言うとおりです……しかし、別の場合には、逆に、他人との出会いが、暴力や憎しみ、軽蔑といった形をとって起こることがあります、と。

レヴィナス――たしかにその通りです。しかし、そのような逆転を説明できるような動機がどんなものであれ、たった今おこなった顔の分析、他人の優越と貧しさ、私の服従と豊かさとを含むこの分析が、根本的なものだと私は思います。この分析はあらゆる人間関係の前提をなすものです。そうでなければ、私たちは開いているドアの前で、「お先にどうぞ」などと声をかけることさえしないでしょう。私が言い表そうとしたのは、この原初的な「お先にどうぞ」だったのです。

あなたは憎しみという情念のことを話されましたね。私はもっと深刻な反論を恐れていました。つまり、ひとが処罰したり、抑圧したりすることができるということはいかにして生じるのか、正義が存在するということはどのようにして生じるのか、といった反論です。これには、人間の多数性という事実が、つまり、他人の隣りに第三者がいることが法を条件づけ、正義を打ち立てるのだとお答えしましょう。もし私が他人と二人だけなら、私はその他人に対してすべてを負うのですが、しかし、第三者が介在しているのです。私の隣人が第三者に対して何であるのか、私は知っているでしょうか。その第三者が私の隣人のよき理解者なのか、それとも、その犠牲者なのか、私は知っているでしょうか。私の隣人とは誰でしょうか。したがって、〔他人と第三者という〕比較しえないものを比較して、検討し、思案し、判断しなければなりません。私が他人と結ぶ個人間の関係を、私はほかの人たちともまた結ばなければなりません。こうして他人へのあの特別扱いを加減する必要が生まれ、そこから正義が生じてくるわけです。避けることのできない諸制度によって行使されているこの正義は、あの最初の個人間の関係によって、たえず制御されていなければなりません。

ネモ――なるほど、それが、あなたの形而上学における決定的な経験ですね。こうした経験のおかげで、ハイデガーの存在論から、〔あらゆる存在者を非人称的な存在によって規定する〕いわば〈中性的なもの〉の存在論、道徳を欠いた存在論から脱け出すことができるのですね。この倫理的な経験から、あなたはひとつの「倫理学」を構築されるのでしょうか。また、倫理学は諸規則から構成されるわけですが、そうした規則を定めるべきなのでしょうか。

レヴィナス――私の責務は倫理学を構築することではありません。私はもっぱら、倫理学の意味を探求しようとしているだけです。実際、私は、すべての哲学が計画的なものでなければならないなどとは思いません。哲学の計画《プログラム》という理念を提唱したのはとりわけフッサールです。おそらく、これまで私が述べてきたことからひとつの倫理学を築き上げることはできるでしょうが、しかし、それは私の本来的な主題ではありません。

ネモ——顔のなかに倫理をこのように発見することは、いかなる点で、全体性の哲学と縁を切ることになるのか、明確にしていただけますか。

レヴィナス——哲学によって探求され、約束され、推奨されてきたような絶対知は、〈同等者〉の思想です。真理のなかに、存在が包摂されているのです。たとえ真理がけっして決定的なものではないとみなされている場合でも、さらに完全な、また、さらに十全な真理が約束されています。なるほど、私たち有限な存在は、結局のところ、知の責務を果たすことができないのかもしれませんが、しかし、この責務が果たされる限界において、知の責務は〈他者〉が〈自同者〉になるようにし向けるのです。しかし反対に、〈無限〉の観念は〈不等者〉の思想を含んでいます。私は無限についてのデカルト的観念から出発しますが、そこでは、この観念によって観念されるもの、すなわち、この観念が思念するものは、無限を思考する行為そのもののより無限に大きいものです。無限を思考する行為とこの行為によって接近する当のものとのあいだには不均衡があるのです。デカルトにとっては、それこそが神の存在証明のひとつでした。つまり、思考は自らを超越するものを何ら産み出すことができなかったので、この何ものかは私たちのなかに置かれなければならなかったのです。ですから、〈無限〉の観念を私たちのなかに置いた〈無限なる神〉を認めなければなりません。しかし、ここで私の関心をひくのは、デカルトが探究した神の存在証明ではありません。私がここで驚きつつ考えていることは、デカルトが神の観念の「客観的実在性」、「形相的実在性」と呼んだもののあいだにある不均衡についてです。[1] 私のなかに「置かれた」観念というきわめて反ギリシア的な逆説そのものを思い浮かべています。反ギリシア的というのは、ソクラテスが説いたところによれば、思考のなかに観念を置くことは、すでにその観念が思考のなかに見出されたのでなければ不可能だからです。

さて、私は顔への接近について叙述しているわけですが、その顔のなかでは、行為がその到達するところのものによって乗り越えられるという同じ事態が起こるのです。顔への接近のなかには、たしかに、神の観念への接近もまたあるのです。デカルトにあっては、〈無限〉の観念は観照的な観念、観想、知にとどまっています。私の方は、〈無限〉との関係は知ではなく、〈欲望〉であると考えています。私は、〈欲望〉は満たされえないという点で、〈欲望〉と欲求の差異を記述しようとしてきました。すなわち、〈欲望〉は、いわば、それ自身の飢えでその身を養い、それを満足させることによって増大します。〈欲望〉は自分が考えている以上に、あるいは、自分が考えていること以上のことを考える思考なのです。なるほど、それは逆説的な構造ですが、しかし、有限な行為のなかでのあの〈無限〉の現前ほど逆説的であるわけではありません。

【訳注】

（1）デカルトの『省察』三「神について」によれば、神という観念によって私の思考のうちで表現されるかぎりでの「対象的実在性」は、神がそれ自体においてもっている「形相的実在性」と対応するはずである。だが、人間の思考が有限である限り、無限の神の観念があらかじめ人間の思考のなかに与えられていなければならないことになる。

第八章　他人に対する責任

ネモ――最近刊行された大著『存在するとは別の仕方で、あるいは存在することの彼方へ』のなかで、あなたは道徳的な責任について述べています。フッサールはすでに責任について論じていますが、それは真理に対する責任でした。ハイデガーは本来性について語りました。あなた自身は責任ということでどんなことを考えていますか。

レヴィナス――その著作のなかで、私は責任を主観性の本質的で基本的で根本的な構造として論じています。というのも、まさに倫理的な言葉で私は主観性を記述しているからです。この場合、倫理的なものは、前提をなす実存の基盤に付け加えられるわけではありません。責任として理解される倫理においてこそ、主観的なものの結び目そのものがつくられるのです。

私は責任というものを他人に対する責任として、したがって、私がしていないことに対する責任として理解しています。またそれどころか、私にはまったく関わりのないことに対する責任、あるいは、明らかに私に関わっており、顔として私に接近するものに対する責任として理解しています。

ネモ――他人をその顔のなかに発見するとき、私たちはいかにして、責任を負うべき者として他人を発見するのでしょうか。

レヴィナス――顔をたんに否定的に記述するのではなく、肯定的に記述することによってです。私たちが〔前章で〕語ったことを覚えていますね。つまり、顔への接近は純然たる知覚の秩序、適合へと向かう志向性の秩序にはないのです。肯定的に言えば、他人が私を見つめるやいなや、私には他人に責任があると言えるでしょう。この他人に対して責任をとらなければならないというのではなく、相手の責任が私に課せられるのです。それはまさに、私がおこなうことの彼方へと向かう責任です。普通、ひとは自分自身でしたことに責任を負います。『存在するとは別の仕方で……』のなかでは、責任とは他人に対するものであると述べられています。つまり、他人の責任そのものに対して私は責任があるのです。

ネモ――その他人に対する責任はいかなる点で主観性の構造を規定するのでしょうか。

レヴィナス――責任は、実際のところ、倫理的関係に先立ってそれ自体ですでに実在しているかのような主観性のたんなる属性ではありません。主観性は自己に対するものではありません。もう一度くり返すと、主観性とはそもそも他者に対するものなのです。他人の近さとは、他人が空間的に私に近いとか、親族のように近いということだけではなく、その他人に対して私が責任を感じるかぎり――私に責任があるかぎり――他人は本質的に私に近い、というようにこの本のなかでは説明されています。それは、認識において、私たちを対象に――それがいかなる対象であっても、人間がその対象であっても――結びつける志向的な関係とはいささかも似ていない構造です。近さというのはこうした志向性に帰着するわけではありません。とりわけ、他人が私に認識されるということに帰着するわけではないのです。

ネモ――私は誰かを完全に認識することができるかもしれませんが、しかし、そうした認識はそれ自体としてはけっして近さとはならないのでしょうか。

レヴィナス――そうです。他人との絆はただ責任として結ばれます。その上、その責任が受け入れられようと拒絶されようと、その責任をいかに引き受ければよいか知っていようといまいと、また、他人に対して何か具体的なことをすることが可能であろうとなかろうと、そうなのです。「われここに」と言うこと、他人に対して何かすること、与えること、人間的な精神をもつことが他人との絆を結ぶということなのです。人間の主観性が受肉されることでその人の精神性は保証されます（天使たちが何を与え合うことができるのか、どんなふうに助け合うことができるのか、私にはわかりません）。いわば、いかなる対話にも先立つ奉仕〔dia-conie〕です。すなわち、私が人間同士の関係を分析するとき、あたかも他人との近さのなかで――私が他の人間についてつくり上げる像《イメージ》の彼方で――、他人の顔、他人のなかにみられる表情（人間の身体全体も、その意味では多かれ少なかれ、顔なのですが）が他人に仕えるように私に命令するものであるかのようなのです。私はこんなふうに極端な表現を用いています。顔は私に要求し、私に命令します。顔の意味とは意味された命令に他なりません。正確に言えば、顔が私に対して何らかの命令を意味するとしても、それは、何らかの記号がその意味内容を意味している、というようなあり方ではありません。その命令は顔の意味を形成する当のものなのです。

ネモ――あなたは同時に「顔は私に要求する」、「顔は私に命令する」と言われました。矛盾してはいないのでしょうか。

レヴィナス――顔は、「お願いします」と言うときのように、命令される人に対して要求するように、私に要求するのです。

ネモ――しかし、他人もまた私に対して責任があるのではないでしょうか。

レヴィナス――おそらくはそうでしょう。しかし、それはその他人にとっての問題です。まだ話題にしなかったのですが、『全体性と無限』の根本的なテーマのひとつが、間主観的な関係は非対称的な関係であるというものです。このような意味で、私がそのために生命の危険を冒すものであっても、私は相手に同じことを期待することなく、他人に対して責任を負うのです。他人が同じように私に対することはその他人にとっての問題です。私が他人に臣従するのは、まさに他人と私の関係が相互的なものではないからであって、その意味で、私は本質的に「主体＝臣下〔sujet〕」なのです。すべてを引き受けるのはこの私の方なのです。ドストエフスキーのあの言葉をご存知でしょう。「私たちはみな、すべての人に対して、あらゆる面ですべてのものごとに対して罪を負っているのですが、なかでもいちばん罪深いのはこの私です」[*1]。私が実際に犯したしかじかの罪状のゆえに、あるいは、私が犯すかもしれない罪過のゆえに、というわけではありません。そうではなく、私には、あらゆる他者を、他者におけるすべてを、さらには他者の責任をも引き受ける全面的な責任に対する責任があるからです。自我は、つねに、すべての他者よりも過剰に、有責なのです。

ネモ――他者が自分たちのなすべきことをしないとしても、それは私のせいだ、ということでしょうか。

レヴィナス――すでにどこかで言ったことがありますが、私は自分の被る迫害に対して責任があります――これはあまり引用したくない言葉で、別の考慮によって補足されなければなりません。しかし、それはもっぱら私に関することです！　私の「近親者」や「私の民族」はもうすでに他者であって、彼らのために私は正義を要求するのです。

ネモ――そこまで行ってしまうのですか！

レヴィナス――なぜなら、私は他人の責任に対してさえ責任を負っているからです。さきほどは極端な表現をしましたが、それはその文脈から切り離してはいけません。具体的には、他のいくつもの考慮が介在することで、私のためにさえ正義が強く要求されます。現実には、法がいくつかの帰結を退けています。しかし、他の人間に対する責任の観念を活気づける無私無欲〔dés-intér-essement 存在するものの‐あいだ‐からの離脱〕の精神を正義が保持してはじめて、正義は意味をもちます。原則として、自我というものはその「一人称」から身を引き離すことなく、世界を担っています。主観性は、他者に対して責任を負うことを主観性に帰する運動そのものを通じて構成されるわけですから、他人のための身代わりにまで行き着くのです。主観性は人質の条件――あるいは無条件――を引き受けます。主観性そのものがそもそも人質であって、他者のために罪を贖うところまで責任をもつのです。

こうしたユートピア的な考え方、自我にとって非人間的な考え方を披露すると、ひんしゅくを買うことになるかもしれません。しかし、人間の人間性――本当の生

――は不在なのです。歴史的で客観的な存在のなかの人間性、つまり、その原初的な警戒心や覚醒状態にある主観的なものや人間的な心理現象の突破口とは、自らの存在の条件を放棄する存在、すなわち、存在するもの-あいだ-からの離脱〔dés-intér-*essement*〕なのです。これが『存在するとは別の仕方で……』という著作の表題が意味するものです。存在論的な条件は人間の条件ないしは無条件のなかで崩れ去る、あるいは、解消されるのです。人間として存在することは、数ある存在のうちのひとつとして生きるようなことではありません。それは、人間的な精神性によって存在の諸カテゴリーが覆され、「存在するとは別の仕方で〔autrement qu'être〕」生きるかのようなことなのです。それはたんに「別の仕方で存在する〔être autrement〕」ことではありません。別の仕方で存在することは依然として存在することですから。この「存在するとは別の仕方で」には、実際のところ、その不-安や、その無私無欲〔dés-intér-*essement*〕、存在者のこの存在――あるいは、この存在すること〔*essement*〕――の問題化が生起することを指し示すような動詞がないのです。

他人を引き受け、その他人の責任を負うのはこの私です。このように、人間的な主観のなかに、全面的な臣従と同時に、私の〔主観性の誕生にも等しい〕初子が現われてくるのがわかります。私の責任は譲渡することができないものであって、誰も私にとって代わることはできないでしょう。実際に、重要なことは人間的な自我の同一性そのものを責任ということから、すなわち、自己意識のなかの至高の自我という立場〔position〕から、もしくはその立場の廃位〔déposition〕、つまり、他人に対する自己の責任に他ならない立場の廃位から言い表わすことなのです。責任はもっぱら私に課せられるものであって、人間として、私には拒否することができないものです。この重荷は唯一者にとっての最高の栄誉に他なりません。交換しえない自我である私が私であるのは、ただ自分で責任を負う限りにおいてのみです。私はすべての人にとって代わることができますが、しかし、誰一人として私にとって代わることはできません。これが、譲り渡すことのできない私の主体的な自己同一性なのです。ドストエフスキーは、まさにこの意味で、「私たちはみな、すべての人に対して、あらゆる面ですべてのものごとに対して罪を負っているのですが、なかでもいちばん罪深いのはこの私です」と述べたのです。

【原注】

＊1　*Les Frères Karamazov*, La Pléiade, p. 310.〔『カラマーゾフの兄弟』第六編、第二章（A）。ゾシマ長老の兄マルケルがその死の床で述べた言葉〕。

第九章　証しの栄光

ネモ――倫理的な関係によって、私たちは存在の「孤独」から脱け出します。しかし、そのとき、私たちがもはや存在のなかにいないとしたら、私たちはただ社会のなかにいることになるのでしょうか。

レヴィナス――『全体性と無限』という表題が告知していた〈無限〉はどうなってしまうのか、と考えているのですね。私は〈神〉という言葉をさほど恐れてはおらず、この言葉は私の論文に何度も登場します。〈無限〉は顔の意味作用そのものを通じて私に思い浮かんできます。顔は〈無限〉を意味します。〈無限〉はけっして〔対象化された〕主題として現われることなく、この倫理的な意味作用そのもののなかに現われてきます。つまり、私が正しければ正しいほどそれだけいっそう私には責任があるということによって現われ出てくるのです。他人に対して責任を免れることはけっしてありません。

ネモ――そうした倫理的な要求のなかに無限があるのは、そうした要求が満たされえないからでしょうか。

レヴィナス――はい、倫理的な要求とは神聖さの要求なのです。いかなるときでも、誰も「私はすべての義務を果たした」と言うことはできません。偽善者なら別ですが……。まさにこの意味において、限界づけられたものの彼方に〈開かれ〉があるのであって、これこそが〈無限〉の顕現なのです。それは〔覆いをとり除くことによる真理というハイデガー的な〕「暴露〔dévoilement〕」――これはもともと与えられているものへの適合ということになるでしょう――という意味での「顕現」ではありません。逆に、〈無限〉との関係に特有なことは、この関係が暴露ではないということなのです。他人の面前で「われここに〔Me voici〕」と言うとき、この「われここに」は、〈無限〉が自らの姿を見せることなく言語のなかに入りこむ場なのです。(1)〈無限〉は、いずれにせよ、そもそも主題化されることはないのですから、現われることはないのです。「見えざる神」は、感官を通じて見えない神としてではなく、思考のなかで主題化されえない神として理解されるべきです。とはいえ、それは、主題化とは異なった、おそらく志向性でさえない思考と無関係な神として理解されるべきであるというわけではないのですが。

ユダヤ神秘主義の奇妙な表現法についてお話ししましょう。古代の権威によって定められた、きわめて古いいくつかの祈りのなかで、信徒はまずはじめに〈神〉に向かって「汝〔tu〕」と語りかけ、その当初の文言を「彼〔il〕」と言いながら結びます。それは、あたかも、この「汝」に接近していくあいだに、その超越が「彼」という形で生じたかのようです。これこそが、私の叙述のなかで、〈無限〉の「彼性〔illéité〕」と呼んだものです。ですから、他人への接近である「われここに」において、〈無限〉はその姿を現わさないのです。では、〈無限〉はどんな意味をもつのでしょうか。「われここに」と言う主体は〈無限〉を証している、と言えるでしょう。〈無限〉の啓示が生じるのは、まさにこの証し——その真理は表象の真理や知覚の真理ではありません——によってなのです。この証しによってこそ、〈無限〉の栄光そのものが自らを輝かせるのです。「栄光」という言葉は〔宗教的な〕観想の言語表現に連なるものではありません。

ネモ——いや、待って下さい。その証しのなかで、誰が、何について、また、誰について証すのでしょうか。あなたは証人や預言者について語っていますが、彼は証すべき何が生じるのをみたのでしょうか。

レヴィナス――あなたはまだ、証しを認識や主題化にもとづくものとして考えていますね。私が叙述しようとしている証しという概念は、たしかに、啓示の様態を含んではいますが、しかし、この啓示は私たちに何ももたらしはしません。哲学的な語りはつねに主題化へと立ち戻ってしまうものですね……。

ネモ――……ただ、あなた自身がこうしたすべてのことを今まさに主題化しているのはなぜなのか、とあなたに尋ねることはできるでしょう。それもまた、ある意味では、証しをおこなうためではないでしょうか。

レヴィナス――当然ながら、私は自分自身に対してそのような反論をしてみました。どこかで、哲学的な〈語ること〉について、たえず語り直す必要のある〈語ること〉と述べたことがあります。私は、こうした取り消しを、哲学することの固有な様式としたことさえあります。哲学が名づけえないものさえも名づけようとし、主題化しえないものを主題化しようとする限り、私は哲学がひとつの認識であるということを否定はしません。しかし、言説の諸カテゴリーを断ち切るものに対して、このように語られるものという形を与えることで、哲学は、おそらく、〈語られるもの〉のなかにこの切断の痕跡を刻み込むのです。

倫理的な証しは認識とは異なった啓示です。もう一度言っておくと、このような様式によって、ひとが「証す」のはただ〈無限〉、〈神〉についてだけであって、そのいかなる現前も、いかなる現在性も証しをもたらす能力はありません。現実的な無限など存在しない、と哲学者たちは語ってきました。無限の「欠如」とみなされうるものは、逆に、無限の積極的な特性――無限の無限性そのものなのです。『存在するとは別の仕方で、あるいは存在することの彼方に』のなかで、私は次のように書きました。「したがって、いかなる主題も、いかなる現前も〈無限〉について証しえないのだが、主体は、つまり、〈自同者〉が〈他者〉に同意するかぎりで〈自同者〉のなかの〈他者〉は〈無限〉について証すのである。近づけば近づくほど〔〈無限〉との〕差異は吸収されてゆくのだが、この吸収そのものによって栄光として現われ出し、またつねに、私はますます告発されるのである。そこでは〈自同者〉として自らを支える〈自同者〉は〈他者〉に対してますますその責任を負い、ついには人質として〈他者〉の身代わりとなる。こうした身代わりとは贖いであり、贖いは結局、霊感＝吸気と心性のなかで、例外的で隔時的な逆転、〈自同者〉から〈他者〉への逆転と合致するのである[*1]」。私が言いたいのは、〈他者〉ないしは〈無限〉が主観性のなかで顕現するこのような仕方は「霊感＝吸気」という現象そのものであって、したがってまた、精神的な要素、精神作用の霊気学そのものを定義している、ということです。

ネモ――つまり、〈聖霊〉ですね。ですから、神は見られることがないにしても神についての証しはおこなわれる、主題化されないとしても証明はなされる。

レヴィナス——証人は自分が言ったことについて証すのです。なぜなら、彼は他人の前で「われここに」と言ったからです。また、他人の前で自分に課せられた責任を認識するということからして、彼は他人の顔が自分に対して意味したものを表明したことになります。〈無限〉の栄光は、証人のなかでその栄光がなしうることによって啓示されるのです。

ネモ——とすると、生が生そのものだけを望み、存在のなかでただ存続することを命じるのに、生がまったく逆の方向に進んでいるように思われるにもかかわらず「われここに」と言うことは、対照的に、生と死よりも上位にあって、それ自体で栄光ある何かを表明することになる……。

レヴィナス——〈神〉の栄光こそが「存在するとは別の仕方で」に他なりません。

「デカルトにおいて、〈無限〉の観念は、この観念を内包しえない思考のなかに宿っているのだが、こうした〈無限〉の観念は栄光と現在との不均衡を表わしており、この不均衡とは霊感そのものである。私の能力を越える重みに圧しひしがれて、行為と関連するいかなる受動性よりも受動的な受動性、私という受動性は、「われここに」という語りとして炸裂する。〈無限〉の外在性が証しの誠実さを通じて、いわば「内面性」となるのである」[*2]。

ネモ――〈無限〉は認識されるのではなく、吸収されるのですか。

レヴィナス――いいえ、命令するのです。

ネモ――少なくとも、その意味では、〈無限〉は外在的なものではなく、決定的に接近しているわけですね。

レヴィナス——その通りです。〈無限〉は命令し、その意味で、内面的なものなのです。「栄光は表象として私を触発するわけでも、私の前に位置しているものないしは人間として、つまりは対話者として私を触発するわけでもない。私の口を通して私に命令しつつ、私が語ることを通じて栄光は称えられるのである。内面性とは、したがって、自我のなかのどこかにある秘密の場所ではない。それはある種の逆転であり、すぐれて外的なものである。まさにこの卓越した外部性ゆえに、この外的なものは内包されて内容と化すことはなく、したがって、主題に組み込まれることもない。本質に対するこうした無限の例外は私に関係し、私を閉じ込め、私自身の声で私に命令する。命令される者の口を通して発せられる命令。無限に外的なものが内なる声と化すのである。しかし、内的な秘密の裂け目を証言する声は他人に合図を送る。それは合図のこの贈与そのものを告げるしるしである。何と曲がりくねった道だろう。クローデルは『繻子の靴』の題辞として「神は曲がりくねった線でまっすぐに書く」というポルトガルの諺を選んだが、いましがた私が述べた意味でこの諺を理解することができる」[*3]。

【原注】

＊1 *Autrement qu'être ou au-delà de l'essence*, éd. Martinus Nijhoff, Le Haye, 1974, p. 187.
〔『存在の彼方へ』、合田正人訳、講談社学術文庫、一九九九年、三三三頁〕。

＊2 *Ibid.*〔同前〕。

＊3 *Ibid.*〔同前、三三三―三三四頁〕。

【訳注】

（1）『イザヤ書』第六章第八節における「われここに、われを遣わせ」からの引用。

第十章　哲学の厳しさと宗教の慰め

ネモ——証しは主題化をなす知には還元されえないと主張されていますが、そこには預言主義の間接的な定義がみられるのではないでしょうか。

レヴィナス——たしかに、預言主義は啓示の根本的なあり方です——ただし、預言者と呼ばれる人たちの個々の素質や才能、使命感が含むよりも、はるかに広い意味で預言主義を理解するという条件においてですが。私は、預言主義は人間の条件そのものの一契機だと考えています。他人に対する責任を引き受けることは、いかなる人間にとっても〈無限〉の栄光を証し、霊感を受けるひとつの仕方なのです。逆説的なことに、自分に何が具体的に要求されているのかを知る前からすでに、他人に対して責任を負う人間のうちに預言主義があり、霊感があるのです。〈法〉以前の、この責任とは神の啓示に他なりません。「神が語られる、誰が預言せずにいられようか(1)」という預言者アモスの文言がありますが、ここで、預言は人間の人間性という根本的な事実として提示されているようにみえます。とすれば、無制限な倫理的要求とは別に、預言はテクストや書物になった具体的な形で解釈されるわけです。宗教となった具体的な形のなかに、人々はあれこれの慰めを見出すのです。しかし、このことから、私が定義づけようとしてきた〔主観性と責任の〕厳密な構造に疑問符がつきつけられるわけではまったくありません。この構造においては、責任を負うのはつねにこの私であり、歴史がいかなる帰結になろうとも、宇宙〔世界〕を支えているのはいつでもこの私なのです。

いままで説明してきたこうしたいくつかの考察に関して、救世主《メシア》の観念が私にとってなおも意味があるのかどうか、と尋ねられたことがあります。また、人間性がもはや暴力的なものではなくなり、人間性が存在の殻を決定的に貫き通し、すべてが解き明かされる、そんな歴史の究極的な段階という観念を守り通す必要があるのか、と問われたこともあります。私は、救世主の時代に値するためには、救世主の約束を欠いているとしても、倫理が意味をもつということを受け入れなければなりません、と答えました。

ネモ――啓示宗教、あるいは、少なくとも西欧で認められている『聖書』の三大宗教〔ユダヤ教、キリスト教、イスラム教〕はそれぞれ、啓示を含む確固たるテクストとの関係によって定義づけられます。ところで、あなたが「証し」によってもたらされる「啓示」について話されるとき、あなたは宗教的な真理にとっての別の起源を、しかも、まさにこの現在において見出しているように思われます。

レヴィナス――ここで私が発言することには、もちろん、私だけが責任を負います！　こうした立場から、あなたの問いに答えてみます。『聖書』がさまざまな預言の所産であること、『聖書』では倫理的な証し――「経験」とは言わないでおきましょう――が文書の形で証されていること、私はこのことを確信しています。ただ、これは、私たちの対話〔第八章〕のなかで説明された、他人に対する責任としての人間の人間性と完全に一致しています。数世紀前に信じられていたこととは反対に、『聖書』には非常に異なったさまざまな時代にわたって数多くの作者が実在したことが現代の歴史批判によって示されました。しかしだからといって、私の確信には何の変化もおきませんでした。というのも、『聖書』の偉大な奇蹟は共通の文学的な起源にあるのでは少しもなく、反対に、同一の本質的な内容へとさまざまな文学的潮流が合流している点にある、と私はつねづね考えてきたからです。こうした諸潮流の合流がもたらす奇蹟は唯一人の作者が生み出す奇蹟よりも偉大なものなのです。ところで、この合流の極をなすのが倫理学で、それは間違いなく『聖書』全体を支配しています。

ネモ——倫理的な人間なら誰でも、どんなときでも、いかなる場所でも、文書であれ口頭であれ、証しをもたらすことができ、『聖書』を構成しうるかもしれない、とまで言い切ってしまうのでしょうか。あるいは、異なった伝統に属する人びとのあいだで、または、いかなる宗教的伝統のなかにも自分の居場所を認めない人びとのあいだで、共通の聖書というものがありうる、とまで主張されるのでしょうか。

レヴィナス——はい、倫理的な真理とは共通のものです。『聖書』を読むと、たとえその読み方が多様なものであっても、その多様性を通じて、各人が『聖書』にもたらすものが表現されるのです。『聖書』を読むための主観的な条件は預言的なものの解読に欠かせません。とはいえ、もちろん、〔『聖書』との〕対決や対話の必要性をもつけ加えなければなりません。そうなると、伝統への呼びかけという問題が生じてきますが、それは〔伝統への〕服従ではなく、解釈学の問題です。

ネモ――それは、おそらく、ユダヤ教徒とキリスト教徒が同じ『聖書』を読解する場合には通用するのでしょう。しかし、私の問いはもっと先に進んでいたのです。私が言いたかったのはこうです。〈無限〉の栄光を啓示するのが倫理学の証しであって、知を含んでいるテクストではないとすれば、『聖書』そのものの特権とは何でしょう。人類がそこに〈無限〉の栄光を認めてきたプラトン、あるいはその他の偉大なテキストを、『聖書』のように読むことはできないのでしょうか。

レヴィナス――さきほど――話のついでに――人間を存在のなかに生じた貫通路として、また、もろもろの存在の誇り高い自立を――この自立によって他者へとつなぎ止められる各々の自己同一性において――問いに付す貫通路として記述したとき、私は「内面性」という「測定しがたい」、ユートピア的な深遠さを援用しませんでした。私は聖なるエクリチュールと書物について語ったのです。私の念頭にあったのはそれらの堅固さのことでしたが、それは、あらゆる言語において、尖筆や羽ペンで描かれて文字になる以前にすでに濃密なものになる、聖句のように強固な堅固さのことなのです。魂のなかに書かれていると言われるものは、まず、書物のなかに書かれます。その規定はいつも、〈自然〉や〈歴史〉の文化的な道具や所産の狭間であっというまに陳腐なものになってきました。とはいえ、それらの文学は存在のなかに断絶をもたらし、また、得体の知れない内面の声に、「諸価値」の規範的な抽象作用に還元されることはほとんどありません。それは、私たちがいるこの世界そのものが、その対象の客観性にはほとんど還元されないのと同様です。私が思うに、あらゆる文学を通して、——口ごもりながらであれ、平静を装いながらであれ、その戯画化に抗しながらであれ——語っているのは人間の顔です。多くの惨禍によってヨーロッパ中心主義が信頼を失くし、終焉を迎えたにもかかわらず、私はギリシア文学とそれにすべてを負っている私たちの文学に表現されている人間の顔の卓越を信じています。これらの文学のおかげで、私たちの歴史は私たちを恥入らせることになります。『聖書』への関与はさまざまな国民文学、例えば、ホメロスやプラトン、ラシーヌやヴィクトル・ユゴー、プーシキン、ドストエフスキー、ゲーテ、そしてもちろん、トルストイやアグノン(2)のなかに認められます。しかし、私は確信しているのですが、書物のなかの書物〔『聖書』〕には、比較しえないほど卓越した預言があり、それは世界のあらゆる文学が待ち望み、注釈してきたものです。『聖書』はその超自然的な起源や神聖なる起源に関する教条《ドグマ》的な物語によって意味をもつわけではありません。そうではなくて、他の人間が平静を装ったり、ポーズをとったりする以前にその顔の表現を『聖書』自身が照らし出すことによって意味をもつのです。その表現は、歴史的な存在である私たちの日常の世界への関心が避けがたいものであるのと同様に、拒否できないものです。『聖書』が、数世紀にわたってその読者たちのうちに目覚めさせ、その解釈とその伝達から受け取ったもの、そのすべてによって、『聖書』は私にとって意味があるのです。『聖書』は、私たちの存在のなかで、その現存在の良心が問題にされる断絶の全重力を司っています。そこにこそ、『聖書』の神聖さそのものが、あらゆる秘跡の意味を越えて宿っているのです。それは唯一の規約であって、「美しき魂」による夢の規約には還元しえないものです。ただし、〈歴史〉の結節点が再び形成されるにもかかわらず、吹き荒れ、宙を引裂くこの危機の嵐――すなわち、この精神――を規約と呼ぶことができるとすればですが。

ネモ――そうなると、〈無限〉への接近はいかなる人間にとっても本質的に同じことになります。しかしながら、それぞれの宗教だけが人間に慰めをもたらします。倫理的な要求は普遍的なものですが、しかし、慰めは宗派の仕事でしょうか。

レヴィナス――たしかに、宗教は哲学と同一なものではありません。宗教は慰めを与える術を心得ていますが、哲学はそうした慰めを必ずもたらすわけではありません。預言と倫理は宗教の慰めをいささかも排除はしませんが、しかし、もう一度くり返すと、おそらく、このような慰めに値するのはそれなしに済ませることのできるような人間だけなのです。

ネモ——最近のお仕事について話をしましょう。あなたは現在、他人に対する責任についての省察を他人の死に対する責任についての省察にまで拡張されています。この点については、どう理解すべきでしょうか。

レヴィナス——私が思うに、究極的に言うと、他人に対する責任のなかに、私たちは他者の死に対する責任を負います。他人の真っ直ぐなまなざしは、典型的な意味で何かに曝されていること、つまり、死に曝されていることではないでしょうか。顔とはその廉直さにおいて、死によって「至近距離から」狙われているものです。顔のうちで要求として語られるものは、たしかに、与えることと奉仕することへの呼びかけ——すなわち、与えることと奉仕することの命令——を意味しています。しかし、それ以上に、しかもそれを含めて、たとえ非情な事態に直面したとしても、他人をひとりきりで見棄てておかないという命令を意味しています。おそらく、これこそが社会性の基礎であり、エロスをともなわない愛の基礎なのです。こうした他者の死への恐れが間違いなく、他者に対する責任の根本にあるのです。

　こうした類の恐れは恐怖とは別のものです。他の人間に対する恐れというこの観念は、ハイデガーが情動性——感情、情動、情態性〔Befindlichkeit〕に加えた輝かしい分析とは対照的である、と思います。あらゆる情動は、ハイデガーによれば、彼が二重の志向性と呼んでいるものを含んでいます。つまり情動とは、何かを前にしての、そして、何かに対する情動なのです。恐怖は恐ろしいものについての恐怖であり、そしてまた、つねに私に対する恐怖でもあるのです。ハイデガーは、ドイツ語で情動を表現する動詞が必ず再帰動詞[3]の形をとるという事実を強調しています。フランス語でいえば、s'émouvoir〔感動する〕、s'effrayer〔怖がる〕、s'attrister〔悲しむ」といった動詞になりますね。不安は、ハイデガーによれば、「についての」と「に対する」が一致する例外的な情動です。つまり、有限性についての不安とは私の有限性に対する不安であり、またある意味において、あらゆる情動は、自己へのこうした回帰の故に不安へと遡るのです。他者に対する恐怖はこの自己への回帰を含んでいないようにみえました。まさにこの他人に対する恐怖のなかで、神への恐れという観念は〈妬む神〉という考えへのあらゆる言及から引き出されたその意味を再び見出すのではないでしょうか。

ネモ——どんな点ででしょうか。

レヴィナス——利害関心を越えた〔存在するものの・あいだ・から離脱した〕恐れ、つまり、臆病さや恥など……いずれにしても、処罰から生じる恐れではありません。

ネモ――しかし、自分自身に対してではなくて、他人に対して恐れるのだとすれば、生きることさえままならないのではないでしょうか。

レヴィナス――たしかに、それこそが最終的に問われるべき問題です。私は存在に対して何らかの責務を負っているのではないのでしょうか。存在していることによって、存在のなかで存続することによって、私は殺害をおこなっていないでしょうか。

ネモ――たしかに、生物学的なパラダイムが身近なものになった今日、私たちは、いかなる種も他の種を犠牲にして生きていて、また、それぞれの種の内部ではどんな個体も他の個体にとって代わるということを知っています。殺害なしには生きることができないのです。

レヴィナス――実際に機能している社会のなかでは、殺害とは無関係に生きることはできません。あるいは、少なくとも、誰かの死を準備することなしには生きることができません。したがって、存在の意味に関する重要な問いは、「なぜ何かが存在して、無が存在しないのか」――ハイデガーによってずいぶん注釈されたライプニッツの問い――ではなくて、[4]「存在していることによって、私は殺害をおこなっているのではないか」という問いです。

ネモ――殺害を犯すことなしに、あるいは少なくとも、闘争することなしに生きることはできない、ということが確認されました。そこから、実際には殺さなければならない、また、暴力が生命に奉仕し、進化を強いるという結論を他の誰かが引き出すとしても、あなたはこの答えを拒絶されますか。

レヴィナス――私がこの対話を通じてお話ししてきた、存在のなかでの人間の分裂、存在に穿たれた穴、存在の危機、〈存在するとは別の仕方〉は、実際に、もっとも自然なものがもっとも問題を孕んだものになるということによって特徴づけられます。私は存在する権利があるのでしょうか。世界のなかに存在していることで、私は誰かの場所を奪っているのではないでしょうか。存在に対する素朴で自然な執着を疑問視するべきです！

ネモ――『存在するとは別の仕方で……』の冒頭に、あなたはパスカルの一節を引用しています。「「そこはおれが日向ぼっこをする場所だ」。この言葉のうちに全地上における簒奪の始まりと縮図がある」。「人は邪欲を公共の利益に役立てようとして、できる限り邪欲を利用した。しかし、それは見せかけにすぎず、愛の虚像にすぎない。なぜなら、結局それは憎しみでしかないからだ[*1]」。

しかしながら、この問いが形而上学の究極的な問題、あるいは、第一の問題であるということに同意するとしても、あなたはどのように自分の答えを出すのでしょうか。自分には生きる権利がない、とまで言い切れるのでしょうか。

レヴィナス――私は、隣人愛と真に人間的な生活は自殺へと至る、と教えるつもりは少しもありません。私が言いたいのは、真に人間的な生活は存在と同等な状態で満たされた生活、すなわち平穏な生活にはとどまりえないということ、真に人間的な生活は他者に対して目覚めている、すなわち、たえず幻想から醒めていなければならないということ、存在は決して――安心を与えてくれる多くの伝承が述べることとは反対に――自分自身の存在理由ではないということ、よく知られた〈自己保存の努力〔conatus essendi〕[5]〉はいかなる権利、いかなる意味の源泉でもないということなのです。

【原注】

＊1 Pascal, *Pensées*, Br. 295 et 451.〔パスカル「パンセ」松浪信三郎訳、『パスカル全集』

第三巻、人文書院、一九五九年、一九一および二七〇頁〕。

【訳注】

（1）『アモス書』、第三章第八節。

（2）シュムエル・ヨセフ・アグノン（Shmuel Yosef Agnon, 1888–1970）は、近代ヘブライ語文学で世界的に有名なイスラエルの国民的作家。ユダヤ人の伝統的な生活と近代世界との葛藤を独特な視点と筆致で描き出した。一九六六年にネリー・ザックスと共同でノーベル文学賞を受賞。代表作に『見捨てられた妻たち』（一九〇八年）、『婚礼の冠』（一九三一年）、『夜の客』（一九三八年）など。邦訳としては、「ノーベル賞文学全集15」『ジョン・スタインベック／シュムエル・ヨセフ・アグノン』（主婦の友社、一九七一年）に数編が訳出されている（村岡崇光訳）。レヴィナスはこの作家に対して、小論「アグノン、死と復活」（『固有名』合田正人訳、みすず書房、一九九四年所収）を寄せている。

（3）再帰動詞とは動作主と動作を受ける者が同一であるような動詞を指す。フランス語を含むロマンス諸語で多く見受けられる動詞表現である。引かれている例で言うと、フランス語の他動詞 émouvoir（感動させる）は再帰代名詞 se（自分を）が直接目的語として付されて、s'émouvoir（自分を感動させる＝感動する）という表現となる。

（4）ハイデガーは『形而上学とは何か』の序論（一九四九年）や『形而上学入門』（一九五

三年）で、ライプニッツのこの命題を引きながら、存在に対する形而上学的な問いの構えを問うている。従来の形而上学は「存在者が存在する」ことを問うてきたものの、存在そのものの真理の解明には着手してこなかった。存在そのものを根本的に問うていくと、「何かが存在する」という形で存在が存在者に帰属するとされるか、それとも、「何かとは異なる無が存在する」という仕方で存在の真理が無のようなものとみなされるか、といった困難なアポリアに陥ることになる。

（5）スピノザが『エティカ』第三部定理六―九で論じた有名な表現。すべてのものは無際限に〈自己保存の努力〉に固執しており、この努力こそがそれぞれのものの現実的な本質をなす。例えば、人間は喜びを欲望し、悲しみを回避することで、身体および精神をより完全な状態へと移行させせようとするとされる。

訳者あとがき

本書『倫理と無限』は、一九八一年にラジオ局フランス・キュルチュールで放送されたエマニュエル・レヴィナスとフィリップ・ネモとの対談である。レヴィナスとの対話のうち、日本語で読めるものとしては、フランソワ・ポワリエとの対話『暴力と聖性』（国文社、一九九一年）、サロモン・マルカとの対話（『レヴィナスを読む』国文社、一九九六年、所収）、ジャン・アルペランとの対話（『超越と知解可能性』彩流社、一九九六年、所収）などがある。本書はラジオ番組での対談ということもあって、難解なレヴィナス思想が平易な語り口で解きほぐされており、格好のレヴィナス入門となっている。

そもそも「対話」はレヴィナスにとって思考の一スタイルではなく、その思考そのものをなすといえるだろう。レヴィナスは『全体性と無限』において、西欧哲学を自同者にもとづく全体性の哲学として規定していた。ヘーゲルの弁証法において、他者は主体にとっての弁証法的な一契機にすぎなくなり、他者の異質性が止揚されることで、主体の自同性はますます強化される。また、ハイデガーの存在論においては、存在するものはすべて、歴史的に忘却されてきた〈存在〉の地平の上にあるとされる。レヴィナスは西欧哲学が全体性への傾向を有しており、自同者のモノローグ的な思考にとどまることを批判した。こうした全体性を根底的に問うために探究されるのが倫理の外部性である。いわば、西欧哲学にその他者と真に対話をさせることがレヴィナスの目論みなのである。私と他者、同時性と隔時性、内在と超越といった軸を通じて問われるのは、思考のモノローグ性とダイアローグ性に他ならない（歴史的に見れば、これはユダヤ人によるヨーロッパとの対話の試みとも言えるだろう。ヨーロッパの異邦人にとどまり続けてきたユダヤ人にとって、ヨーロッパといかなる対話が可能かを模索することは重要な問いだった。村岡晋一『対話の哲学』〔講談社選書メチエ、二〇〇八年〕を参照されたい）。

本書では、的確に区切られた全一〇章を通じて、レヴィナスの思想形成に関する自伝的挿話から始まって、四つの著書『実存から実存者へ』、『時間と他者』、『全体性と無限』、『存在するとは別の仕方で、あるいは存在することの彼方へ』が参照されながら、レヴィナスの重要概念が簡潔に紹介されていく。

第一章「聖書と哲学」では、レヴィナスが「聖書」——「卓越した書物」と呼称される——に魅了された後、文学作品を経て哲学の道へとたどりつく経緯が語られる。ユダヤ的伝統と哲学的思考の微妙な関係からレヴィナス思想の独自性は生み出されるのだが、ただ、彼からすれば、聖書の思想と哲学を適切に調和させるのではなく、むしろ、両者の親近性こそが重要とされる。レヴィナスはストラスブール大学時代に数々の思想家によって哲学へと導かれる。デュルケームの経験的社会学を形而上学的に読み解き、ベルクソンの時間論に真新しいものへの出口を見出すレヴィナスは、さらに、フッサール現象学に関心を抱くようになる。レヴィナスは世界に差し向けられた意識の志向性に着目しつつ、諸事物の客観性のみならず、その存在の意味をも把握しようとする。そして同時に、現象学に依拠することで、意識の志向性には還元されえない他者の問題が倫理的な問いとして際立ってくることになり、レヴィナスはここから他者の思想を練り上げることになる。

レヴィナスはハイデガー哲学の紹介に重要な役割を果たしたが、第二章「ハイデガー」ではその背景が語られる。レヴィナスは一九二八—二九年にフライブルクに留学し、フッサールの謦咳に接するなかでハイデガーの存在論に惹かれていく。「私は大きな発見をしたのですが、それはフッサールが切り開いた道をハイデガーが拡張し、変容させたやり方でした。旅行者の表現で言えば、フッサールの家に行ったら、ハイデガーに出会った、というような印象です」と、レヴィナスは前述したポワリエとの対話で表現している。実際、フランスに現象学を導入したとされる著作『フッサール現象学の直観理論』（一九三〇年）では、世界を志向し世界を構成する純粋意識の問題が超越論的現象学の核心的な問いとして、ハイデガー的な仕方で、存在の意味にまで踏み込んだ形で考察されている。その序文では、「ハイデガーの出発点を知ることによって、おそらくフッサールの到達点をよりよく理解することができるだろう」と端的に記されている。

第三章「〈ある《イリヤ》〉」では、ハイデガーの〈存在〉とは異なるレヴィナス独特の表現〈ある《イリヤ》〉が説明される。〈ある《イリヤ》〉については、『実存から実存者へ』の「世界なき実存2、実存者なき実存」で詳しく展開されているが、この小著は第二次世界大戦の捕虜生活のなかでその大半が書かれたものである。〈存在〉を指し示すために、ハイデガーはドイツ語の表現「es gibt（……がある）」における動詞「与える（geben）」を重視して、存在の贈与を強調する。これに対して、レヴィナスはフランス語の表現「il y a（……がある）」を引き合いに出し、「il pleut（雨が降る）」と同じように、存在の非人称性を強調する。本章の後半、レヴィナスは朋友モーリス・ブランショが描き出した〈ある《イリヤ》〉の恐るべき経験に触れる。ブランショは初期の小説『謎の男トマ』などから存在の非人称的なざわめきに着目し、晩年の『災厄のエクリチュール』(一九八〇年)では、知、体系、主体、全体性、書物といった西欧のコスモス的秩序を拒絶する思考が「désastre(災厄)」という語で表現される。レヴィナスはむしろ〈ある《イリヤ》〉から脱した実存者が世界のなかに定位し、他者との倫理的関係を結ぶことを目指すが、ブランショの方は、あくまでも主体性を欠いた「誰でもない誰か」を実詞化することなく、この非人称的な位相から思考を展開するのである(上田和彦『レヴィナスとブランショ——〈他者〉を揺るがす中性的なもの』水声社、二〇〇五年を参照)。

第四章「存在の孤独」では、『時間と他者』(一九四八年)をめぐって、実存することの孤独から社会性の獲得という移行が語られる。認識を介した世界への参入、他人との関係への参入によって、私は実存することとの孤独から脱出する。ただ、レヴィナスにとって、存在することの次元において、私たちは存在することを所有しているとは言えず、それゆえ、そもそももっていない存在を分かち合うことはできない。ハイデガーのように、存在の分かち合い(共存在)によって共同性が開かれるわけではない。また、認識行為も自己からの離脱ではなく、対象を自己の内で吸収し同化する点で他者との真の関係とは相容れないとされる。

第五章「愛と親子関係」では、他人との関係がエロス的関係や親子関係として規定される（『時間と他者』第四部、『全体性と無限』第四部「顔の彼方」などを参照）。エロス的関係を導くのは他人の属性ではなく、他人における他者性である。他人を予見し認識し規定しないことによってこそ、他者との関係が開かれるのであり、こうした関係は女性的なものの神秘的超越への関係として表現される。また、親子関係は、私を存在と時間の双方の次元においてその自己から離脱される。親子関係とは、他人が我であり、かつ他人でもあるという両義的な関係である。親子関係、とりわけ父子関係は生物学的なものではなく、他者とのあらゆる関係で適用されるとレヴィナスは念入りに留保をつける。ただし、レヴィナスにおける女性的なものや父と息子をめぐる独特の表現をめぐっては、しばしば指摘されてきたように、ジェンダー性の問題や家父長的な響きを慎重に考慮する必要があるだろう。

第六章「秘密と自由」において、レヴィナスとの対話は彼の主著『全体性と無限』（一九六一年）へと入っていく。西欧哲学が体系的思考を目指し、総合された普遍的な知を志向することに対して、レヴィナスはそうした全体性には包括されえない位相に立脚して自身の哲学を練り上げる。全体性の思考とは相容れないものとは、他者との関係から導き出される倫理的なものである。他者との対面関係のなかでその他者性が保持される限りにおいて、この関係は全体的な視点によって包括されえないからだ。本章では、こうした倫理的関係が「秘密」という論点に即して展開される。興味深いことに、この秘密は各々が内面的に秘め隠しているものではなく、むしろ他人に対する責任において成立するものである。私と他者のたんなる二分法ではなく、その倫理的な関係として各人の秘密が作用しているとされるのだ。政治的・経済的な次元で客観的な原理によって各人の自由を保証することは、ある種の全体主義への行程を孕んでいる。私と他者とのあいだでなされる独特の秘密の分かち合いによって、社会の多元性が豊かなものとなるのである。

第七章では、レヴィナスの最重要概念「顔」をめぐって対話が進展する（『全体性と無限』第三部「顔と外部性」を参照）。通常、私たちは他人と接するときに、その人物をしかじかの文脈で理解し、彼および彼女のアイデンティティを同定する。しかし、〈顔〉はいかなる現象にも還元しえないような他者の現われである。それゆえ、認識による同定作用を逃れ去る〈顔〉の経験は、「廉直さ」「無防備さ」「赤裸々さ」「貧しさ」といった繊細な言葉で形容される。〈顔〉はその極度の貧しさによって、「汝殺すなかれ」という命令を発し、私の暴力に対して呼びかける。このとき、他者の〈顔〉を迎え入れるのか、〈顔〉との関係を断ち切るのか、といった二者択一を私に迫る点で〈顔〉との関係は優れて倫理的なものである。つまり、〈顔〉の経験は暴力を停止させる特効薬ではなく、むしろ暴力と歓待の両義的な位相を浮き彫りにし、私たちにそうした倫理の発端を思考するべく促すのである。

第八章では、『存在するとは別の仕方で……』(一九七四年)を中心に、他人に対する責任が主観性の根本構造として論じられる。『存在するとは別の仕方で……』は、レヴィナスが『全体性と無限』における存在論的言語を回避し、「身代わり」や「近さ」、「人質」といったアフォリズム的な表現を駆使するようになる第二の主著である。〈顔〉の経験を通じて、他人は私に命令を下し、何かを要求することで私に責任を課してくる。レヴィナスによれば、〈顔〉はその脆弱さゆえに「汝殺すなかれ」と命令し、私はそうした他人に対する責任を引き受ける。その関係は非対称的であり、責任を課され問われるのは、他人ではなく私の方なのである。つまり、私が自分の能力の範囲で他人に責任をとるのではなく、逆に、他人によって私の責任が問われるのである。あらゆる他人に対する私の過剰な責任とは、一見、私の自我を廃位するようにみえるが、しかし、こうした非対称的な責任を負うことによってこそ私の主体性が獲得されるのである。

こうした他人に対する責任と関連して、第九章「証しの栄光」で語られるのは、

〈顔〉の倫理的な意味作用がもたらす〈無限〉である（『存在するのとは別の仕方で』第五章2「〈無限〉の栄光」を参照）。レヴィナスが指し示す倫理的なものは、私の認識によって主題化しえないがゆえに無限なものである。他人との関係において〈無限〉が証し立てられるのである。ただしここで、〈顔〉との対面関係のみならず、そうした関係を通じて〈無限〉が証されるという場合、ネモの問いかけ（一三四頁）のように、「誰が、何について、誰について証すのか」という疑問が生じることだろう。〈顔〉が〈無限〉を到来させ、これを証すのではない。あくまでも私が「われここに」と応答する関係において、〈無限〉が他者のうちで証し立てられるのである。

最終章「哲学の厳しさと宗教の慰め」では、預言、啓示、救世主などをめぐって哲学と宗教の親近性が語られ、冒頭章「聖書と哲学」と対をなすかのようである。

本書の対談を貫く一貫した主題は、まさに表題の「倫理と無限」である。レヴィナスは従来の西欧哲学の営みを批判しつつ、根本的に倫理なるものを練り上げた思想家である。彼にとって重要なことは、知の体系や論理的秩序によって倫理が基礎づけられ、倫理の学として洗練されるのではなく、倫理の根源を問い続けることである。倫理が他者との関係において問われる以上、西欧のモノローグ的な認識と理解の体系がその他者へと曝されることによってこそ倫理的なものの意味は探究される。レヴィナスが本書で引き合いに出す〈顔〉や愛、親子関係、責任などはそうした倫理的なものを告げる「無限」である。ただし、レヴィナスが倫理学を構築せず、倫理を無際限な仕方で考え続けるといっても、彼は答えのない虚無主義に陥るわけではない。彼はむしろ正義の所在を的確に指し示す。〈顔〉がその極度の廉直さや赤裸々さゆえに「汝殺すなかれ」という命令を下すように、正義への通路はつねに指し示されているのである。

対話者のフィリップ・ネモ（一九四九年生まれ）は政治思想研究者で、フランスのグランゼコールであるパリ高等商業学校（École supérieure de commerce de Paris〔ESCP〕）の教授とHEC経営大学院（École des hautes études commerciales〔HEC〕）の助教授を兼任している。ネモはラジオ局「フランス・キュルチュール」で哲学や宗教に関する番組制作に関わっており、本書もその成果の一つである。

一九七〇年代、アンドレ・グリュックスマンやベルナール＝アンリ・レヴィらの若手の毛沢東主義者たちが「新哲学者《ヌーヴォー・フィロゾフ》」と呼ばれる一派を形成し、従来のマルクス主義を批判したが、若きネモは彼らの活動に加わっている。自由主義の研究に従事するネモは、フランスにおけるフリードリッヒ・ハイエクの専門家の一人として知られ、国家博士論文『F・A・ハイエクにおける法治社会』（*La société de droit selon F. A. Hayek*, PUF, 1988）が出版されている。

ハイエク研究と並行して、ネモは倫理の問題にも取り組む。ヨブ記の倫理的読解である『ヨブと悪の過剰』（*Job et l'excès du mal*, Grasset, 1978 ; nouvelle édition corrigée, Albin Michel, 2001）にはレヴィナスが論考「超越と悪」を寄せている。無垢のヨブが経験する数々の災難は、「悪をおこなう者が悪を被る」という因果応報の道徳によって説明できないものだが、ネモはさらに、人間の思考から逸脱し、あらゆる秩序を損ねるこの悪を世界に対する過剰そのものとして考察する。

ほかにも、ネモが編纂・執筆した総覧的な思想史の著作としては、*Histoire des idées politiques dans l'Antiquité et au Moyen Âge*（1998）, *Histoire des idées politiques aux Temps modernes et contemporains*（2002）, *Histoire du libéralisme en Europe*（2006）がフランス大学出版会（ＰＵＦ）のQuadrige叢書から刊行されている。

本書は、Emmanuel Lévinas, *Éthique et infini Dialogues avec Philippe Nemo*（Fayard, 1982）の全訳である。日本語訳としては、すでに原田佳彦氏による『倫理と無限——フィリップ・ネモとの対話』（朝日出版社、一九八五年）が刊行されており、今回の翻訳に際して参考にさせていただいた。レヴィナスに関する専門的な知識については、馬場智一氏から有益な助言をいただいた。感謝の意を表わしたい。翻訳にあたっては、ちくま学芸文庫編集部の町田さおり氏に企画の段階からお世話になった。厚く御礼を申し上げる次第である。

西山雄二

本書は「ちくま学芸文庫」のために新たに訳出されたものである。

存在の大いなる連鎖　アーサー・O・ラヴジョイ　内藤健二訳

西洋人が無意識裡に抱き続けてきた「存在の大いなる連鎖」という観念。その痕跡をあらゆる学問分野に探り「観念史」研究を確立した名著。（高山宏）

自発的隷従論　エティエンヌ・ド・ラ・ボエシ　山上浩嗣訳　西谷修監修

圧制は、支配される側の自発的な隷従によって永続する——支配・被支配構造の本質を喝破した古典的名著。20世紀の代表的な関連論考を併録。（西谷修）

レヴィナス・コレクション　エマニュエル・レヴィナス　合田正人編訳

人間存在と暴力について、独創的な倫理にもとづく存在論哲学を展開し、現代思想に大きな影響を与えているレヴィナス思想の歩みを集大成。

実存から実存者へ　エマニュエル・レヴィナス　西谷修訳

世界の内に生きて「ある」とはどういうことか。存在は「悪」なのか。初期の主著にしてアウシュヴィッツ以後の哲学的思索の極北を示す記念碑的著作。

倫理と無限　エマニュエル・レヴィナス　西山雄二訳

自らの思想の形成と発展を、代表的著作にふれながら語ったインタビュー。平易な語り口で、自身によるレヴィナス思想の解説とも言える魅力的な一冊。

黙示録論　D・H・ロレンス　福田恆存訳

抑圧が生んだ歪んだ自尊と復讐の書「黙示録」を読みとき、現代人が他者を愛することの困難とその克服を切実に問うた20世紀の名著。（高橋英夫）

考える力をつける哲学問題集　スティーブン・ロー　中山元訳

宇宙はどうなっているのか？　心とは何か？　遺伝子操作は許されるのか？　多彩な問いを通し、「哲学する」技術と魅力を堪能できる対話集。

ニーチェを知る事典　渡邊二郎　西尾幹二編

50人以上の錚々たる執筆者による「読むニーチェ事典」。彼の思想の深淵と多面的世界を様々な角度から描き出す。巻末に読書案内（清水真木）を増補。

概念と歴史がわかる 西洋哲学小事典　生松敬三／木田元／伊東俊太郎／岩田靖夫編

各分野を代表する大物が解説する、ホンモノかつコンパクトな哲学事典。教養を身につけたい人、議論したい人、レポート執筆時に必携の便利な一冊！

明かしえぬ共同体
M・ブランショ
西谷修 訳
G・バタイユが孤独な内的体験のうちに失うという形で見出した〈共同体〉。そして、M・デュラスが描いた奇妙な男女の不可能な愛の〈共同体〉。

精神疾患とパーソナリティ
ミシェル・フーコー
中山元 訳
観察者の冷ややかな視点を排し、狂気の側に立って「精神疾患」を考察した一九五四年刊の処女作。構造主義的思考の萌芽を伝える恰好の入門書。

フーコー・コレクション
（全6巻＋ガイドブック）
ミシェル・フーコー
小林康夫／石田英敬／松浦寿輝編
20世紀最大の思想家フーコーの活動を網羅した『ミシェル・フーコー思考集成』。その多岐にわたる思考のエッセンスをテーマ別に集約する。

フーコー・コレクション1
狂気・理性
ミシェル・フーコー
小林康夫／石田英敬／松浦寿輝編
第1巻は、西欧の理性がいかに狂気を切りわけてきたかという最初期の問題系をテーマとする諸論考。“心理学者”としての顔に迫る。（小林康夫）

フーコー・コレクション2
文学・侵犯
ミシェル・フーコー
小林康夫／石田英敬／松浦寿輝編
狂気と表裏をなす「不在」の経験として、文学がフーコーによって読み解かれる。人間の境界＝極限を、その言語活動に探る文学論。（小林康夫）

フーコー・コレクション3
言説・表象
ミシェル・フーコー
小林康夫／石田英敬／松浦寿輝編
ディスクール分析を通しフーコー思想の重要概念も精緻化されていく。『言葉と物』から『知の考古学』へ研ぎ澄まされる方法論。（松浦寿輝）

フーコー・コレクション4
権力・監禁
ミシェル・フーコー
小林康夫／石田英敬／松浦寿輝編
政治への参加とともに、フーコーの主題として「権力」の問題が急浮上する。規律社会に張り巡らされた巧妙なるメカニズムを解明する。（松浦寿輝）

フーコー・コレクション5
性・真理
ミシェル・フーコー
小林康夫／石田英敬／松浦寿輝編
どのようにして、人間の真理が〈性〉にあるとされてきたのか。欲望的主体の系譜を遡り、「自己の技法」の主題へと繋がる論考群。（石田英敬）

フーコー・コレクション6
生政治・統治
ミシェル・フーコー
小林康夫／石田英敬／松浦寿輝編
西洋近代の政治機構を、領土・人口・治安など、権力論から再定義する。近年明らかにされてきたフーコー最晩年の問題群を読む。（石田英敬）

ちくま学芸文庫

倫理《りんり》と無限《むげん》　フィリップ・ネモとの対話《たいわ》

二〇一〇年四月十日　第一刷発行
二〇一七年十月二十日　第三刷発行

著者　エマニュエル・レヴィナス
訳者　西山雄二（にしやま・ゆうじ）
発行者　山野浩一
発行所　株式会社　筑摩書房
東京都台東区蔵前二―五―三　〒一一一―八七五五
振替〇〇一六〇―八―四一二三
装幀者　安野光雅
印刷所　中央精版印刷株式会社
製本所　中央精版印刷株式会社

乱丁・落丁本の場合は、左記宛にご送付下さい。
送料小社負担でお取り替えいたします。
ご注文・お問い合わせも左記へお願いします。
筑摩書房サービスセンター
埼玉県さいたま市北区櫛引町二―六〇四　〒三三一―八五〇七
電話番号　〇四八―六五一―〇〇五三

ISBN978-4-480-09280-9 C0110